Linked in 领英 出品

你从未真正拼过

拼过

GIVE IT YOUR ALL

湖南文艺出版社
HUNAN LITERATURE AND ART PUBLISHING HOUSE

博集天卷
CS-BOOKY

图书在版编目（CIP）数据

你从未真正拼过 / 领英编著 . —长沙：湖南文艺出版社，2016.10
ISBN 978-7-5404-7802-5

Ⅰ . ①你… Ⅱ . ①领… Ⅲ . ①成功心理—通俗读物 Ⅳ . ①B848.4-49

中国版本图书馆 CIP 数据核字（2016）第 233400 号

上架建议：心理励志·成长

NI CONGWEI ZHENZHENG PINGUO

你从未真正拼过

编　　著：领　英
出 版 人：曾赛丰
责任编辑：薛　健　刘诗哲
监　　制：蔡明菲　潘　良
策划编辑：李　荡
文案编辑：温雅卿
营销编辑：李　群　张锦涵
封面设计：朱　雨
版式设计：张丽娜
出版发行：湖南文艺出版社
　　　　　（长沙市雨花区东二环一段 508 号　邮编：410014）
网　　址：www.hnwy.net
印　　刷：三河市鑫金马印装有限公司
经　　销：新华书店
开　　本：880mm×1270mm　1/16
字　　数：248 千字
印　　张：21.5
版　　次：2016 年 10 月第 1 版
印　　次：2017 年 5 月第 2 次印刷
书　　号：ISBN 978-7-5404-7802-5
定　　价：42.00 元

质量监督电话：010-59096394
团购电话：010-59320018

写在前面的话

2014 年 2 月，LinkedIn 正式进入中国，取名"领英"。那时全公司只有六个人，我们在北京三里屯的盈科中心租了两个小房间，一个用作办公和开会，一个专门用作面试。我主管市场和运营，我们的微信订阅号"LinkedIn"（当时名为"LinkedIn 中国"），就诞生在这样一个"一穷二白"的环境里。

2014 年初，微信公众平台已经很火了，账号超过 300 万个，并且以每天新增 1 万个的速度在增长。领英专注职场社交，而"职场"这个词总是给人严肃和无趣的印象，再加上公司已经在美国上市，对发布的内容要求非常严格，虽然账号很快就建好了，但做什么、怎么做，我们却摸索了很久。

两年来，我们和读者，就像隔着山谷的两个人，每一篇文章都是我们之间的喊话，他们的每一个回应则拉近着彼此之间的距离。只言片语中，我们逐渐读出了他们的面孔。他们是年青一代正在奋斗拼搏的职场人，他们有成功的喜悦，也有对前途的焦虑，他们乐于接受知识，也愿意分享观点，他们潜力无穷，在职场上拥有巨大的上升空间和前进动力。

然而，这群优秀的中国职场人最需要的到底是什么？这个问题一直伴随着我和我的团队。

无论是早高峰地铁站行色匆匆的人流，还是晚九点以后灯火通明的写字楼，都在昭示人们：中国职场人的拼搏精神绝不逊于任何人，然而，"焦虑"却成了我们的"流行病"。书店里琳琅满目的"成功学"曾被我们视为良药，但它却浇不灭我们内心的浮躁，成功对于绝大多数人依然渺茫。我们渴望在茫茫人海中遇见自己的同道人、引路者，想要结识更多优秀的人，但我们又是独自上场的拼搏者，虽然身处大都市，却又无比孤独。我们喝了许多"鸡汤"，却比任何时候都更加迷茫。

这是时代的症候，我们没有药。我们能做的，是坚持分享有用的知识、经验和见解，帮助每一个中国职场人少走弯路。我们邀请了许多资深职场人来分享职场实用技能、时间管理之法、沟通交流之道等，在此，我谨代表团队感谢所有供稿的作者，感谢你们与 LinkedIn 一起，为中国职场人的进步所做出的贡献。

如今，LinkedIn 微信订阅号已经发布了 3 000 多篇文章，头条平均阅读量超过 10 万，许多优质内容被反复转载。我们的订阅号更是被一些业内人士称为"中国职场第一大号"，对此，我们深感荣幸。这些成绩归功于团队对中国职场人的深刻理解，对品质的苛刻追求，以及对新内容新玩法的勇敢尝试。我们深信，只有提供价值，才会获得尊重和关注。

这是一个崇尚"干货"的时代，也是一个信息极度碎片化的时代，人们筛选有用信息要付出很大的成本。因此，我们邀请到国内外优秀的作者分享经验，希望帮助那些还未关注我们的中国职场人打开上升之门；也希望长期关注我们的老友在被身边的浮躁与焦虑围绕，找不到方向时，这本书能像一个安静的朋友，给你一些建议和慰藉。

道虽迩，不行不至；事虽小，不为不成。我们会继续不断尝试，创新改变，但认真做内容，将是我们始终不变的坚守。我们已经走了很远，但我们一直在出发。

——张源
LinkedIn（领英）用户市场总监

目录

第一章
毕业头五年决定你的职场上限 / 001

01　99% 的人职场打开方式不对 / 003

02　你在利用碎片化时间，还是将时间碎片化 / 011

03　工作第一天起就应该准备好的事 / 017

04　都在谈情怀，谈薪资就可耻吗？ / 024

05　你缺的不是计划，而是脚踏实地 / 030

06　考研还是工作，还用纠结吗？ / 034

第二章
定位越舒服，职涯越危险 / 041

01　别用战术上的勤奋，掩盖你战略上的懒惰 / 043

02　如何找到自己的天赋，并将它发展成你的事业 / 049

03　对不起，我要当一个斜杠青年 / 059

04　不要用职位去定位自己的职业 / 064

05　你真以为把工作重复一万遍就能变成大牛吗？ / 072

06　温水煮青蛙，越舒服越危险 / 079

第三章
聪明人在职场都用笨功夫 / 087

01　如何将一个习惯坚持下来 / 089

02　没试过这些说话技巧，就别说自己会聊天 / 096

03　聪明人的职场，365 天都记在手账里 / 102

04　搞不定这三件事，你的职场就注定瞎忙 / 111

05　踩着点上班的人比每天提前 5 分钟的差多少 / 116

第四章
职场谁人不委屈 / 123

01　找到感兴趣的工作前，请先别饿死 / 125

02　职场上，有一种挨骂叫成长 / 133

03　缺乏格局，再努力也是无用功 / 140

04　赞了 300 条朋友圈，却还是融不进他们的"朋友圈" / 145

05　"关你屁事"才是你的职场必杀技 / 154

06　只有情商才能对付一切职场极品 / 159

07　工作不只有眼前的苟且，还有长远的凑合 / 165

第五章

不提供价值，谁是你的职场朋友 / 173

01 聪明人的朋友圈都在做减法 / 175

02 人生如球赛，需要有个合适的团队 / 181

03 有用的人才能够"被利用" / 186

04 你的朋友圈决定你的层次 / 196

05 职场上，没人为你的眼泪埋单 / 204

06 不要和上司谈恋爱 / 211

第六章

高效能人士的职场七问 / 219

01 可以驾驭你的工作吗？ / 221

02 还在消耗你的意志力吗？ / 229

03 已经掌握一门熟练运用的外语了吗？ / 234

04 你是一个称职的职人吗？ / 239

05 你会管理自己的情绪吗？ / 245

06 你还在拼"命"换业绩吗？ / 251

07 你会自我投资吗？ / 258

第七章
职场哪有规定动作 / 267

01　再努力也只是加分，你必须让自己变得不可替代 / 269

02　三次深度思考让我从文员变成总监 / 277

03　不在小事上瞎操心，你才能专心做大事 / 284

04　有一种荒废叫只做有用的事 / 288

05　为什么普林斯顿教授的简历写满失败经历 / 294

第八章
创业，你准备好了吗? / 301

01　选择比努力重要 / 303

02　创业者一定要做网红 / 312

03　没事别想不开去创业公司 / 317

04　去 500 强还是创业公司? / 323

05　当你决定开始创业，来问我的建议时 / 329

in

第 一 章
Chapter 1

毕业头五年
决定你的职场上限

刚毕业时，我们都对未来充满了期待，以为一切都可以任由自己挥洒，一段时间后却发现自己已经走了很多弯路，开始怀疑自己真的了解职场吗？职场打开方式不对，不经意间给自己挖了无数坑，不敢谈薪资，仍然在纠结考研工作应该怎么选……这里有你想要的职场真相，你的职场上限已经在工作头五年悄然埋下伏笔。

01
99% 的人职场打开方式不对

职场上有一句评价，它的杀伤力之大，基本上可以让一个志得意满的年轻人，在低到爆的入门职位上卡上很漫长的一段时间，卡到有种被整个世界遗忘了的感觉，真的很恶心。

这句话叫，这人菜鸟啊。在美国，人们会说：Such a rookie。

这个菜鸟田里犯的错，我几乎是一踩一个准。

在我以身试法地把大大小小的低级错误都尽情地犯过一遍之后，我终于可以啐一口嘴里的灰，好好思考一下如果再来一次。我是否可以在职场菜鸟这个等级上，不要那么低级，那么着急，那么思想封闭。

1. 只有菜鸟才会想着"撕"

刚工作的时候，我身上带着校园竞争没烧光的妖火，几乎看谁都是可撕的。很快，我便被自己这个可笑的想法摆了一道。

跟我同期入组的是一个西雅图本土的美国小哥 Eny（埃尼）。

我对他的第一个评价是：资质平庸。

理由：上的什么大学没听过，没有原则的老好人。

判定结果：可轻松击败。

相信大多数中国人都会这么想：怎么这么笨？数学都不会心算吗？！在中国根本连五本都考不上好吗？

我虽然还能忍住这种骨子里的不屑，可我发现这个小哥 Eny 真还不是一般的"不机灵"。

有一次我从他身后溜达过去，眼珠子都快掉出来了：我发现他做 Excel 的数据清理，俗称的对表，是用肉眼看的。

我终于明白了，是什么让他天天晚上在办公室待到晚上 9 点。他就这样凭着肉眼看花，居然也把新人期的 dirty work（讨厌的工作）给做得八九不离十。而我，由于追求闪电速度，第一个交卷，一览众生小，交上去的东西还经常被老板打回来，一改再改。

有一天，为了追求显摆的快感，我帮 Eny 写了几个公式，结束了他的肉眼对表时代。然后继续觉得这个笨蛋简直被我秒杀，如果升职在我跟他之间角逐，简直是连狗都知道升职的人会是我。

几乎是一夜之间，办公室里开始传颂着："财务张乐于助人，还聪颖过人。"

我从一个无人问津的唯一亚裔，突然成了一个热馍馍。

正当我惊讶这幸福来得如此迅速之际，一天我路过咖啡间，偶然听了一耳朵，听见 Eny 在跟别人讲，我是如何帮助他的，而且鼓励大家有什么问题都去咨询我，我就坐在那个快积灰了的角落云云。

我当时差点没忍住想跪下来，我就想跟那个过去苦×竞争惯了的自己忏悔，智商算什么，我只想做个好人。

可惜顿悟只是暂时的，我很快又拐回了老路，虚假的智商优越感就像一个妖魔。

我和 Eny 开始跟 offshore（离岸的）印度组打交道。我跟大多数老美同事一样，恨不得从第三句交流开始，就吐槽印度组的不专业，还理解不了总部的指令，老美同事将其归咎为语言障碍。

作为英语比印度选手差一万倍的我，躲在屏幕后面冷笑：什么障碍，就是难打交道。

恶性循环就此开始，印度组做活儿，我一看简直没法用，打回重做一遍，顺便再讽刺一通，印度组自尊心受创，活儿做得更差劲，一度发展到了他们发来的文件我都不敢点开直接打回重做。

但令我们感到奇怪的是，遇佛杀佛，油盐不进的印度组，居然屡次表示，他们最喜欢的人是 Eny。

我开始留心 Eny 到底玩的是哪个大招。有一天早晨，印度组开始上夜班，Eny 带着一脸神圣的表情，拨通了去神奇国度的电话。

他开头用了长达五分钟的时间，来道歉……他说实在是不好意思这么晚了还让他们留在办公室接这个电话，他想象了一下他们家里的亲人，此刻是多么希望能见到他们，可他们居然还要顶着夜色加班。Eny 说着说着，竟然有些哽咽了。

这个时候，旁边一个哥们儿觉得 Eny 有点过了，走过去戳了戳他，用气声说，印度组白天是不上班的，晚上本来就是他们的正常上班时间，所以你不必……Eny 比了一个 "I got it bro"（我明白了，兄弟）的手势，继续抒情了几分钟，才开始讲工作。这有点太假了，对不对？

有时候我们群情愤慨讲印度组坏话的时候，Eny 都会说，可是他们为了协助我们，昼夜颠倒，他们真的已经做得够多了。每每此时，在一旁跟印度人撕得天昏地暗的我，都会绝望地抬起头看一眼 Eny 头上善良的光环，那感觉就是，开局第一张牌，我打出了一张屎。

年终，我成了那一批菜鸟里第一个升职的，Eny 给了我仿佛我当上了美国总统一样的巨大祝贺。

一年以后，Eny 也升了职。我们又在同一个级别上了，而他，还有整个恒河儿女站在他的身后。

当我不再是菜鸟后，组里又来了一个新菜鸟，我佯装语重心长地对他说，想在这里无论是成功还是获得愉快，有一条捷径，就是去帮 Eny 的忙。

只有那种一直被生活欺负的菜鸟，才会在一开始，就摆开要去审判别人，要去手撕弱者的架势。

况且谁是弱的那一个，有时还真不知道。

我把我的所见所思都告诉了这个一身虎气的小菜鸟，他说张财，你的观察真是聪明啊。

这种聪明，只是一种试图离智慧站得近一点，再近一点的聪明。

2. 虽然拿着卖白菜的钱，但也得操着卖海参的心

跟不得志的才俊们聚会时常有人说，每次看到办公室里面拿着两三千

元工资，却热爱钻研行业局势，分析公司人事蓝图的人，就觉得他们真的够了。

挣着卖白菜的钱，操着卖海参的心，图啥？

我混在群众里，义愤填膺地点头，并告诫自己绝对不可以，做一个被落魄才俊们这样嗤之以鼻的人，所以我决不可，逾越卖白菜雷池一步。

这一点，我也是觉悟太晚。

上班几个月后，我第一次参与到一个大项目中，我上级的上级，负责做 presentation（演示报告）给老大哥，我负责收集数字做表，修改细节，买买咖啡。

由于表是我负责的，老大哥偶尔心血来潮要问一些细枝末节，上级们不得不把我也捎带上。

原本一共要开三次会，结果只用了两次就全部演示完毕，大家都对公司未来展开欢喜的展望，我也十分感动。尽管我唯一的贡献，就是他们找不到一个数字的时候我说了一声，呃，在附录，第二页。

两个上级直接取消了最后的会议，派我去把改定离手的模型交付，就可以回来交差了。我端详着这个模型，竟然心生一种感情，觉得都还没有好好地再看一看，就要上交给组织了。所以我决定再最后看一遍这个预算模型，不再看数字有没有对上，不再看趋势线是不是异常。

我严肃地审视着这份预报，由于先天短命的注意力，这一过程大概只持续了三分钟。后来想起来，我太感谢这三分钟了。

老远就看见，老大哥在他的巨大会议室里埋头思索，没有要理我的意思。

就在我放下文件拔腿要走的时候，他抬起头来：

"你是做这个活儿的分析师吧？"

"Yes..."

"那你跟我说说，这个预报还有什么让你心神不宁的地方？如果你没有你的上级们，你还会给这个最终结果加什么避险措施吗？"

我讲了三分钟，来的路上那三分钟的所思所想，恨不得都讲出来。

老大哥认为我是一个还有点想法的分析师，后来有问题，他竟然开始直接来找我。

虽然我每个月还是拿着卖白菜帮子的钱，可是我开始接到越来越有意思的工作，受到老大哥的提点，整个人也没有那么猥琐了，落魄才俊们都说，我好像换了一个人。

这个项目我做了三个月，如果不是那最后三分钟动了"邪念"，我会被老大哥的问题直接问成傻 ×——我就会是一个白做了三个月却不知道自己在做什么的笨蛋。

因为上级们一直在前面 cover（照顾）我，我只是个做表的，我觉得这是他们才会被问到的问题，因为别的菜鸟都说，好好卖你的白菜，瞎操什么心。

作为菜鸟，总会有人 cover 你，这是好事也是危险的事——要知道，cover 有罩着的意思，也另译为，埋没。

后来我都会跟新来的菜鸟说："每天在上班的路上都想一想，如果走进电梯只有你和老大哥，老大哥问你咱们公司最近健不健康，有没有让你觉得心神不宁的地方，你只有 30 秒钟时间，你想想怎么说。"

每天早上上班路上，都这样问自己。

3. Dirty work 也可以逆袭

职场菜鸟最难逾越的那道关卡，恐怕就是 dirty work 了。重复，弱智，没人知道你在做，没人在乎你做完了，你不知道为什么你学了这么多年长大了就是每天在办公室里做这个，这应该就是 dirty work 无疑了。

可怕的不是 dirty work，而是在菜鸟眼里，什么都是 Dirty work，怎么看都是一手没有机会翻盘的大烂牌。

其实，永远都是有 one more thing（另有一件事）的。

在大公司的协理部门，是很容易成为数据僵尸的，只知道报告，不关心事情本身。进入了这些部门的新人，往往被分派的都是最狰狞的 dirty work，怎么样打开局面，基本全靠做这个 one more thing。

有一个菜鸟，每周要发一份很机械、很程式化的汇报给商务团队，交这个烂活儿给他的人说，很简单，你只要早上来打开电脑，听上小曲儿，下载点数据，扔进 Excel，拖拖拽拽几个公式，找出上次发的邮件，改几个数据，群发搞定，so easy（太容易了）。

这个人在分析师这个职位上干了六年。他还对新来的菜鸟说，没多大事儿，别紧张，反正这个报告也没人看。

就是这个无人问津的报告，在几个月之后成了公司的核心 KPI（关键业绩指标）报告，所有的 VP（高层副职）都被要求抄送在上面。

这个菜鸟在发第一封邮件出去之前，就多做了一件事情，他给报告里每一个渠道都找出了一个他觉得拎不清楚的问题，然后一个一个地去问渠道负责人。刚开始或许只是问为什么成本升高，转化率变小，后来问题越来越深，答案越来越复杂，渠道负责人的参与感越来越大，报告被传阅到越来越多的人手里，越来越多的人感兴趣。

在熬夜赶上一个 Deadline（截止期限）准备关机去嗨的时候，再想想，有没有 One more thing 可以让你这个无聊到死的数据报告自己开口说话。在受够了 Dirty work、掀桌子不想干了之前，想想这个 Dirty work 还可以生长出什么样的 One more thing。

There is always one more thing.

当然了，落魄才俊们会说，你不想当山贼，想去当乔帮主啊！

一个菜鸟的自我修养，就是在低级职位上不抓狂，当一个优秀的菜鸟，就是为了有一天不当菜鸟。瞅准了机会迅速脱离菜鸟轨道，然后一路飞翔到世界的尽头。

最后祝所有的现役菜鸟、前菜鸟、预备菜鸟，都能实现自己的最高梦想。▲

——张丹
LinkedIn 专栏作家，曾就职于亚马逊美国，担任高级财务分析师一职。

02
你在利用碎片化时间，还是将时间碎片化

现代人工作都会面临时间碎片化的困扰。利用碎片化时间工作还是将工作时间碎片化？看起来都很忙，而前者是高效工作，后者只是瞎忙。

1. 你知道两者的区别吗？

利用碎片化时间工作和将工作时间碎片化其实是两个截然不同的工作态度，前者是充分利用了可能会被浪费的小块时间来处理工作上的事情，而后者则是将本来整块的工作时间人为地割裂成多个小块时间再穿插着处理不同的事情。

举一个简单的例子，如果你在等电梯的时候用手机回复了一封工作上的邮件，那么就可以理解为利用了碎片化时间工作。有的邮件需要回复的内容可能很简单，用手机打几个字就可以，这种工作完全可以利用碎片化的时间来完成，没有必要一定得到自己的电脑前去回复。

但是如果你本来计划下午有三个小时要整理一份报告，但是在做报告的过程中你一会儿去看看朋友圈，一会儿用微信聊聊天，工作时间总是被很零碎的私人事情打断，这就是将工作时间碎片化。

或者是写一会儿报告又去回复邮件，再写一会儿又去打个电话，跟人讨论一个问题，即使看似一直在工作，但这同样是将工作时间碎片化的行为，工作效率自然不高。

显然，利用碎片化时间工作是一种高效率人士的习惯，这些人能对哪些工作可以利用碎片化时间处理有很清晰的判断，这些人的能力通常都不会差。

但是将工作时间碎片化后使自己看上去很忙则是一种低效率人士的习惯，他们工作的时候不聚焦，容易被外界干扰，有拖延症，所以这种忙是方法不对，是一种瞎忙。

2. 避免工作时间被碎片化才是良性循环

我们再来看看两个程序员的例子，他们俩坐在离我很近的位置，所以我对他们的工作态度和作息规律比较了解。

我们公司的 APP 有安卓和 iOS 两个版本，分别由这两个程序员负责。因为 APP 的功能是一样的，只是平台不一样，所以可以认为两个程序员的工作内容、开发难度都是差不多的，但是他们的效率却截然不同。

我们是弹性工作时间，每天保证至少 8 个小时的工作时间即可，早来就可以早走，晚来就得晚走。

程序员 A 每天早上 8 点半之前一定会坐班车到达公司，上午的时段是他集中精力编代码的时间，这期间只会上厕所和喝水。他为了减少被打扰，不会开邮件系统的提醒，内部的 IM（即时通信）也会关闭，手机调成静音，更不会挂着 QQ 或是聊微信刷朋友圈。甚至有时候为了安静，他还会找一个没有人的小会议室在里面工作。早上的时间他不跟别人讨论问题，不跟别人开会，就算测试、设计发现 BUG（程序漏洞）他也不会中断手头的工作去处理。

中午吃完饭，只会做短暂的休息，看看手机上有没有什么重要的来电或是信息，然后就打开折叠床午睡。

午休结束后，他才会把邮件系统和内部的 IM 打开，因为这个时候刚睡醒，所以可以处理一些简单的邮件和查看别人的留言。下午的时间他主要用来修改 BUG，也会参加相关的会议或是和别人讨论问题。一到下班时间他就会关电脑然后去赶班车，几乎没有加过班。

程序员 B 则不同，经常早上 10 点半才到公司，看看前一天的邮件，或是跟人讨论一下问题就到吃午饭时间了，整个上午都没怎么写代码。午休时间他不午睡，不是在玩手机就是在看网页。下午的时候也是昏昏欲睡的样子，不管谁找他都不会拒绝，不论是当面还是在 IM 上，没写几行代码就又去看看邮件或是玩玩手机。

由于来得晚，加上白天没有什么工作输出，所以又必须晚上加班，按照他的话说就是晚上人少他可以集中精力编代码。于是他晚上又是加班到很晚再回去。因为晚上回去得晚，早上又起不来，导致早上到公司又比较晚，如此往复。

这两个程序员的技术能力我个人感觉差别不大，但是就是因为对工作时间的把握有很大不同，导致工作效率有很大的差异。A 能充分利用整块的时间，尽可能避免整块工作时间被碎片化，并结合大脑的兴奋度来处理不同类型的工作，因此有着更高的工作效率。而 B 则完全相反，整块的时间都被碎片化了，同时不注意劳逸结合，每天工作很长的时间搞得很忙的样子，但是其实工作量跟 A 也是差不多的。

3. 利用碎片化时间是为了更好地平衡工作生活

程序员 A 是避免工作时间被碎片化的例子，而程序员 B 则是把工作时间碎片化的例子，但是都还不是利用碎片化时间工作。利用碎片化时间工作对职场人士有着更高的要求，常见于一些高端人士。

那么哪些时间可以算作碎片化时间呢？等车、坐车、开车、行走、排队、候机、坐飞机、上厕所、睡觉前、运动中、酒店住宿等需要占用的时间都可以看成是碎片化时间。这些时间有个共同的特点就是你通常不在办公桌前，但是时间长度上可能有长有短，人所处的状态也可能不同。

不同的碎片化时间能处理的工作内容也不一样。在等车、排队的时候你可能只能使用手机，比如查看邮件，用移动办公 APP 审批电子流，在工作会话组里发消息，设置工作日程等。在坐车、候机、坐飞机时如果时间段较长，就可以用笔记本电脑做一些复杂的工作，比如写计划书，做方案 PPT，写出差汇报、工作总结等。如果是处于行走、开车、运动中，这个时候可以用蓝牙耳机打电话、听汇报等。

安妮·海瑟薇在电影《实习生》中饰演的女创业者就是一个利用碎片化时间工作的典范。例如在司机开车送她上下班的时候，她会一边用车上的视讯电话跟人视频对话讨论工作上的事情，一边用一个手机回复工作邮件，用另一个手机又接听其他电话。

但是很多利用碎片化时间工作的人难免给人留下工作狂的印象，仿佛空闲时间都被工作塞满了。所以利用碎片化时间工作并不是为了时时刻刻工作，而是为了将省下的整块时间留给生活，从而更好地平衡工作和生活的关系。

4. 试试"番茄工作法"

这里还要提一下"番茄工作法"，这个方法主要讲的是集中精力工作25分钟就休息5分钟。

这个并不能单纯地认为是将工作时间碎片化，而是一种劳逸结合的工作方法，只是这个方法将25分钟看成一个整块的工作时间，在此时间内要求聚焦而不能碎片化。

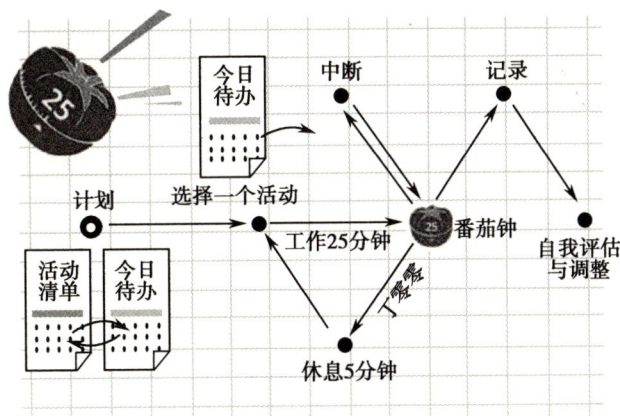

连续的多个 25 分钟都要尽可能地处理同一个项目的事情，而不是一个 25 分钟处理事情 A，下一个 25 分钟又处理事情 B。所以本意上还是一种不要将整块时间碎片化的工作思路，因为手机上的各种推送、提醒实在太容易让人不专注。

如果你是一个有拖延症，不论做什么事总是没一会儿就要看看手机的人，那么可以先尝试在短一点的时间内集中精力，比如半个小时，然后再尝试一个更长的时间段避免被打扰和碎片化，并且在这个更长的时间段里处理同一个事务。

在利用碎片化时间工作之前，要充分了解自己的工作并分析自己有哪些碎片化时间。利用碎片化时间处理合适的工作有助于提高工作效率，但是目的仍然是平衡工作和生活的关系，而不是把自己搞得特别忙。

所以你是在利用碎片化时间工作，还是将工作时间碎片化，这下应该清楚了吧？ ▲

——沐丞

简书签约作者，LinkedIn 专栏作家，随手记理财专家，财猪特邀理财达人，一点资讯特邀自媒体。

03

工作第一天起就应该准备好的事

有件事情，你从入职第一天起就应该准备。那就是：明确你这份工作的目的，知道自己想要什么。

每个人毕业后初入职场都会有一段迷茫期，你能多快走出迷茫期，能多久明确自己以后的规划，是最重要不过的。目的越明确，越容易得到；越迷糊，越容易烦恼。

跳槽这个词在职场里非常常见。我对于跳槽这个词的理解是，斜上角四十五度的提升。或许有人会说，谁告诉你跳槽一定是提升啊？也许还有平移啊，或者还有跳得一家不如一家啊。一家不如一家，那你不是跳槽啊，是跳井。平移？是因为同事挤对，上司排挤，姥姥不疼舅舅不爱最后才走的？你那不是跳槽，是落荒而逃。

1. 人人都有迷茫期，问题是什么时候开窍

每个人毕业之后一定会有一段迷茫期，这段迷茫期可长可短。

我的迷茫期应该算是长的，六年。六年里我基本每隔一年或者半年就会换一次工作，我怕穷，怕死在这个城市，所以总是接兼职。六年里我转了三次行，每转行一次我就迷茫一次，因为我不知道我能干啥、会干啥。我的工作几乎完全是凭爱好、拼热情，那时候考虑的不是哪个行业如何，自己适合不适合，而是，因为我喜欢，所以我才做。工资 2 500 或 2 800，我根本无所谓！从这六年来看的话，可以说我是"一事无成"。

我的成熟源于人生里的第一份"高工资"，广告公司的入门工资，月薪 5 000 块。第一份比预想中多一倍的薪水，让我拿得无比谦卑，这份谦卑背后的不自信是因为我内心里一直都觉得，我配不上它。

"配不上"这是一种略带点愧疚的心理活动。

你觉得你配不上你老婆，所以你会格外对她好。

你觉得你配不上老板给你一个月 5 万的薪水，所以你会工作特别卖力，加班特别来劲。

但是这份配不上背后，是极度的不自信，内心脆弱如纸，诚惶诚恐，压力巨大。

而一种配不上这份工作的心情，会驱使你拼命提升，希望早日能和别人在一个水平线上，所以哪怕是一句不经意的"真不专业"都会让你内心崩溃。

对于当时刚刚转行到广告这个圈子的我来说，我无法想象，如果离开

这家公司我会去做什么？或者我能做什么？我还可以拿这样的薪水吗？我一点自信都没有。

这份诚惶诚恐让我第一次萌生了"我要保住自己的位置""我要留下"的想法。这种想法让我日后面对客户的刁难、同事的不配合、领导的鄙视，都能够一一容忍下来，没关系，我不懂我可以学。

有了这分"不想走，怕被开除"的想法，才有了我后来人生里的第一次项目谈判，第一次独立接单，第一次成交，即便上司抢了所有的功劳，但是那对我而言却是一种"原来我也可以做到"的欣喜。

世界上最大的激励莫过于，你去努力之后发现原来看起来很难的事情，你也可以做到！有了这份激励，那其实你离开窍就不远了。

对我来说，第一次开窍来得有点突然，部门负责人跳槽问我要不要和他一起，那是我人生第一次学会，在恰当的时间点提出涨薪水。那是我第一次去思考，我跟着老大一起走，我要得到什么？钱还是职位？还是两者都要有我才走？我要加多少钱合适？加太多他会选择别人吗？

到新的公司，人事纷争几乎是一年一个样，我两年换了三任领导，这在最短时间内催熟了我。我从进公司的时候就为自己定了一个目标，我要在这个公司坚持三年。而且我必须在三年内，争取接近核心业务，争取接近核心管理人员，不然我依旧是一个编外人员！

2. 当下这份工作的目的，你想清楚了吗

无论你身处哪个平台、哪个行业，你为了什么？

如果是为了钱，那你现在有什么？有技术、有经验、有资源？

如果是为了职位，那你觉得你现在可以做到什么样的位置？主管、经理，还是总监？

如果是为了学习，那你现在最希望做的是什么？

为了赚大钱的，你需要早早就开始把一些核心的东西、值钱的内容掌握，公司花钱请你不就是看中你手上那么点核心的东西吗？

为了职位的，你或许觉得自己能力已经足够，但是为什么就不给你升职？那你有没有想过，你的想法、资源，包括领导能力，够格吗？

此外就是眼界以及关于未来发展的计划，一个小头目和一个大头目看待未来是不一样的。

我从进这家企业的时候就明确了自己的目的，我之前跳槽过于频繁，所以在这家公司三年的工作经验对我很重要，更重要的是，我要每一年都必须有提高，有表现，有成长。

我要和直属领导达成一致，才能了解"领导想法"，学习战略的眼光和规划，我不给自己定目标就一定会在这个位置混吃等死，最后被淘汰！

3. 跳槽看起来很美丽，付诸行动可没那么简单

跳槽是每个职场人都会遇到的命题。

很早的时候我听到别人说，跳槽找猎头，会觉得非常不可思议。我当时还傻乎乎地问，怎么样才能找到猎头？有人就一边笑一边说，等你到了一定的位置，猎头就会自动找你了。

我在这家公司第二年开始有一些猎头找上门来，但是一般来说都是发了简历就不再有消息了。那时候我还没有总结自己的简历是不是有问题。

第三年的时候，有猎头提出，可不可以针对招募的职位修改一下您的简历？让重点更突出一些？我这才意识到简历的重要性。

我现在的这一版简历几乎是猎头一点点要求，逐渐演变的结果。

我也在一轮一轮的面试里，逐渐明确了自己的薪资要求。

跳槽，你要做的基本工作就是，明确目的，知道身价。有了这两点，哪怕你最后是不离开，你也会在和领导提出加薪申请的时候有一个价格参考。

有了跳槽的计划，从最开始非常生涩的面试，到小公司的试水，到大企业的面试流程，基本上是一点点掌握了规律，最后才有了所谓的关于面试的心得。

跳槽只是一个念头，要把它付诸行动，需要有太多的动作。这里面包括对你的能力的自我梳理和评价，你在现在的原点如何看待未来的规划，还有你的硬件，比如你的简历、你的面试经验、你的人脉资源、你的消息来源，等等。所有的这些准备都到位了，你的跳槽才会成为一个比较可以落地的实际行动。

当你知道你的身价的时候，你根本不用理会人力总监的那些所谓的岗位上限、绩效工资、年底奖金之类的画饼。你的能力与岗位的匹配，会让你信心大增。

我提出辞职前，直属领导已经预感到了，所以领导的魅力就是第一时间洞察下属的状态，能补救的赶快补救，补救不了的，立刻找替代人，这就是领导！

领导在我还没开口之前先找我谈，因为临近年关事情非常多，我当时手上负责了三个大项目，任何一项完不成都会让领导吃不了兜着走。因此领导找我谈话的开篇就很明确，年底会调整薪水，希望了解我对明年薪水的期望，我们俩心知肚明地做了一番表面风平浪静暗地却针锋相对的谈话，她希望我先给价格，我希望可以和市场齐平，这番谈话和与 HR 谈工资是差不多的。

于是为了让她知道我对市场的把握，我告诉她去年我负责一个项目的工作量的市场价格，然后笑着说，今年我负责三个大项目，而且我负责了一年，成效您看到了，我相信您也会给我一个合理的答案，于是她给出的价格刚好符合我的内心底线。

这事就暂时落下了帷幕。

4. 每一次跳槽，都应当是一次成长

所以你要明白，跳槽只是一个状态，不见得你下一家公司一定比这家好，你要适应新的环境、新的团队、新的企业文化。这需要过程，所以跳槽的成本非常高，这也是为什么薪水要翻倍或者至少上涨百分之三十的理由。

因为这些是你去适应新环境，以及有可能你在试用的 90 天内被开除的一个补偿。所有的开始都意味着冒险，所有的重新出发都取决于你的勇气！走不走的其实没人怪你，但是即便留下你也最好要明白现在的你在市场的什么段位，你还需要做什么样的能力补充。我觉得这才是整天吵着要跳槽的人该好好思考的。

一旦确定了方向，有了大概意向的公司，那么剩下的就是提前做好工

作的切分、结算。

好聚好散是考验人品的，前任公司的上级以及 HR 对你的评定和印象，是你入职前后背景调查重要证据的来源。你在上一家做不好收尾，下一家也会预防你这样。

我一直觉得跳槽是应该放在内心的一种原动力。它代表你的追求和目标，而不是你口头的标语和说走就走的理由。

每一次所谓的跳槽都应该是斜上方的爬坡成长，年纪越大越应该谨慎和做到万全。因为你会越来越输不起。

薪水不是决定你价值的唯一指标，但是薪水可以代表的是平台衡量你的一个基准。你觉得薪水太少或者涨幅不大，你需要反思的是，你是不是能力一直在基准以下，或者你已经接近了峰值。

无论哪一点都值得你好好思考，接下来你是需要补充专业能力，还是需要增强你的领导才能或者战略眼光。

有人觉得人生里跳槽越少越好，有人觉得跳槽越多成熟越快。我觉得跳槽的多和少其实与你内心的成熟度有关。

在职场上，做任何事，都需要成熟的内心。目的越明确，越容易得到，越迷糊，越容易烦恼。▲

——小川叔

LinkedIn 专栏作家，微信公众号：小川叔（ID：xiaochuanshu007）。只聊职场、不写故事的萌叔，骂过无数职场迷茫之人依旧被大家爱着，最近出版《努力，才配有未来》。

04

都在谈情怀，谈薪资就可耻吗？

工作后很多人都以加班次数作为评判自己努力与否的坐标。但其实加班又不是打游戏练级，你的待机时间永远不会对应于你等级提升的速度。

都爱谈努力、谈情怀，谈薪资就可耻吗？——同样都是人，为什么薪资差距会这么大？凭啥！

某一年年底，我的小下属神秘兮兮地说要找我谈谈，我看她进了会议室半天也憋不出一句话，就问她，你到底想找我聊什么呢？她最后满脸通红地说，马上到年底了，我想问问看，明年是不是可以涨一点工资。

每年一到这个时间段，每个部门都要开始做下一年的计划和整体预算，这时候的确是提涨工资最好的时机。其实在她没开口之前我就已经猜得八九不离十了。

我平静地看着她问："既然你有这个要求，那我想问问你，为什么你觉得自己可以加薪，你希望加多少？"

她明显没什么准备，颠三倒四地一会儿说现在物价上涨，一会儿又说自己来公司也一年多了，工作都很顺手，至于涨多少钱还是要看公司的安排什么的……

最后我不得不打断她说："看得出这件事可能你还没准备好，你的这件事我会认真考虑，你也先回去想想，如果想好了，我们下次再谈好吗？"

1. 当你变得不可或缺才有可能得到一切

看着她略有些沮丧地走出会议室，我忽然想起我第一次提加薪的经历。

我第一次提加薪是才来北京满一年的时候，那时候我和她一样，看到有同事找上司提加薪，就觉得自己也应该去争取一下，岂不料几句话就被上司问住了，我记得当时我自己说的理由也是什么房租上涨了之类的，现在想想还真的有点傻。

第二次提加薪是在公关公司，当时我们的组长提起有别的公司要挖她，她说要找HRD（人力资源总监）好好聊聊，貌似聊完就顺利地涨薪了。那件事让我明白了一个道理，只有当企业觉得你重要，且失去之后或许会带来更大损失的时候，才有可能是一个加薪的机会。不久之后我的上司跳槽希望带我走，我就利用这个时机提了加薪。

最后一次提加薪成功是在去年，其实在那之前我也找领导谈过，但自己准备不足，没想好提加薪的理由。因为当时人事调整的关系，等于有一段过渡期我是身兼两个人的工作，所以就觉得自己的付出和得到不平衡，因此就去提了加薪。结果可想而知，被领导安抚了几句，告诉我你这种繁忙马上就要缓解了，只是暂时的，而且我们也希望看到你更多的成绩，几招太极就把我推了回来。

人在职场，加薪这件事儿绝不是我们想象的那么简单，它的本质是一场博弈。

2. 加薪的本质是一场博弈

如果你认为目前自己做得多拿得少，就是加薪的理由，那我奉劝你要先三思后总结：

看看到底自己是负责了什么，还是只是参与而已？

到底自己在工作里是什么角色，是否是缺你不可？

有了上一次的经验我再提加薪基本上就很小心翼翼，自己做主负责任，有业绩有成绩，然后不断提升带队能力，最后就是接洽猎头，参与面试，明确自己现在在市场上的价码，做到有结果、有价格，才是做好加薪谈判的必要准备。

谈加薪是一场看不见的博弈战。

对企业来说，增加的人力支出到底值不值得，这取决于他对你的价值的认可程度，所以切忌意气用事，以为自己付出多得到少，就应该加薪，或者是用辞职来威胁，就更没太大必要。

3. 做一份个人总结列举自己的所有可能性

很多人在每天做事的时候会容易陷入瞎忙的状态，就是可能会被一堆事情频繁打断，着急忙慌地救火，却并没有分清楚哪些是自己主要的业务，哪些只是你配合完成的，哪些其实根本不是你分内的工作。

提醒自己隔段时间总结一下，你会保持一种警惕。

没有功劳的苦劳，未必是功劳，所以做事情要尽量强调结果，因为过程也许对你很重要，但是对领导来说结果更重要。

你的薪水就是让你做好分内的事，所以完成本职工作本来就是你应该做的。没人会乐意给做好分内事的人加薪，所以打算提加薪一定是你的工作成绩或者你的能力水平已经上涨到了上一个层面，才会有加薪的可能。

因此你要总结出你在本职工作之外，额外做了什么，超额完成了什么，以及自己这段时间的成长幅度，才能让企业为你可能存在的隐性提升空间埋单。

所以一份到位的个人总结，是提加薪的根本。

4. 你可能只是假装很努力而已

如果你觉得自己工作做了不少，也能找出一些过人之处，那你知道这样的你目前在市面上值多少钱吗？如果你提加薪，你能判断出你的能力可以拿到多少钱吗？

也许你会觉得，增加薪水幅度这件事都是公司安排的，我一个小喽啰怎么可能做得了主？但你不要忘记了，有没有目标和涨不涨薪水其实在某种意义上来说是一回事。

如果你都不知道这一年你在朝着什么方向努力，那请问你到底是有意识地为自己加码，还是只在表面上忙碌，假装看上去很努力而已？

一般来说薪水增长幅度过大，势必会带来职位的变动。请问现在的你，能胜任你升上去的那个位置吗？

也许你会说，不在其位不谋其政，但哪个领导会一边给你升职加薪一边还让你从头开始学习做领导？你能升职加薪未必是你一定做到了上一层的位置，但一定是你所做的都早已超过了你这一层的范围。

那么如何在短期内迅速提升自己，让自己上一个层面，不就是好好分析和观察你上一个层面的职位所需要的技能、情商、能力，再让自己尝试朝那个方向做着看吗？

如果你既没有猎头邀约，无法判断自己现在在市场里的身价，也不知道在公司内部你应该以谁为目标，更不能从职业要求、能力优势、带队能力及情商优势几个维度去衡量对方，对比自己查缺补漏，你是领导的话，会给这样一个毫无准备的人升职加薪吗？

时刻留意外界市场给自己的反馈，以及自身的隐含价值，非常客观地看到自己和心目当中的薪酬标准代表的能力要求相比还缺少什么，这才是一个成熟职场人制订良性目标所必需的。

5. 如果没有加薪，你该做些什么

做领导其实更多的工作是平衡。

一个团队就类似于一个巴掌，五个手指未必一样长短粗细，但是都肯定各有用处，所以预算不是无限的，加薪的名额也一样。大部分结果的出台其实都是几方权衡的结果。

如果你今年表现的确突出，能力也到位，成长也最多，却刚好很倒霉地成了被不得不牺牲的那个棋子，这时候你要怎么办？

当场翻脸，负气出走，相信稍微有点情绪控制能力的人都不会干出来。但，是忍，还是走？都需要从长计议分析利弊。

忍下来，你要怎么重新制订明年的计划，如何反省自己的不足：

是与人沟通能力不够？

还是和上司定期汇报做得不到位？

明年要提升什么？如何改进？

想走，现在是最好的时机吗？

你手上有多少机会，出去之后可能面临哪些风险，薪水增加多少才符合你对这些风险值的预判？

谈判场上没有输赢，只有折中。

高阶的领导可以做到长袖善舞，事后平衡安抚。万一遇到粗放型的领导，不太会体恤他人，你好歹也要明白自己这一战失利是因为弱在哪里，应该如何补全。因为即便你日后跳槽出走，也迟早会面临下一次的提升加薪不是吗？

方法千变万化，但逻辑则是万变不离其宗。每一场谈判都一定是以基础为根本，之后尽量做到知己知彼，最后方能达成目标。

但无论怎样，参与这场谈判是需要一张入场券的，你需要先让自己通过努力变得不可或缺，毕竟价值是要通过一些成果体现的。

而人与人之间的薪资差距也是因为在这些成果下，每个人所体现的重要程度截然不同而产生的。▲

——小川叔

LinkedIn 专栏作家，微信公众号：小川叔（ID：xiaochuanshu007）。只聊职场、不写故事的萌叔，骂过无数职场迷茫之人依旧被大家爱着，最近出版《努力，才配有未来》。

05

你缺的不是计划，而是脚踏实地

1.

临近毕业季，很多曾经相熟的师弟师妹，聊天的时候，都离不开就业这类话题。

H 是小我一届的师弟，前几天跟他聊微信，说起他的职业规划，他说很迷茫。

他这样说，我有些愕然，问他："你怎么迷茫啦？以前在学校的时候，你不是说要创业的吗？那现在要毕业了有的是时间，应该有很多事情做才对吧。"

他无奈地回答我："现在要毕业了，要被赶着鸭子上架，以前认为一切很容易，而且还早，想着到时再做吧。当要落地去做的时候，才发现自己什么都不会，不知道如何开公司和管理团队，连基本要怎么做都不知道。只能脚踏实地去其他公司先工作，等积累好经验了再创业。真后悔当初没有听你说，在大学的时候就去做准备。"

曾经的他，被颁个"超级幻想家"的奖牌也不足为过。每当聚会聊天，他都会拉着我说，以后他要创业当老板，目标是让公司上市，连公司地址和有哪些部门都想好了。但每次听他说完之后，就没有然后了。

这种只会幻想却不付诸行动的行为，只能让听者一笑了之。

我们身边总有这类人，说就天下无敌，做就有心无力。他们想做这个也想做那个，描述的蓝图总是惟妙惟肖，可每当问到他们实际上有什么行动的时候，却哑口无言，迟迟没有行动。

你说得厉害可以去当演说家，但干好一番事业，是要踏踏实实地行动。

我们缺的不是计划，每个人都会做梦，都有拥有梦想的权利，但要实现，就要先去尝试着做，才能制订正确的计划。

2.

有朋友问我，打算创业还是继续打工呢？未来有什么计划？

我总被问得哑口无言。

当然，社会并没有磨平我的棱角，我也不会得过且过。

不是因为对自己没要求，而是因为得知未来的路会出现很多变化。当下要做的是朝着适合的、喜欢的方向走，把手头上的事做好，结果或许能出人意料，但都在情理之中，不会太差。

活在世上的时间越长，越懂得计划赶不上变化这个真理。

世界上唯一的不变就是一直在改变。

我有这么多时间去空想，倒不如先做好手头上应该做的事。

在刚毕业的时候，出身金融专业的我，豪情壮志地想着要做金融界的大神，各种考证、实习，等等。想了很多未来在金融界的自己。但没到一年时间，发现自己很不适合这个行业，单单粗心大意心态不坚定这项缺点，已经将我枪毙了。

后来只能丢弃曾经的计划，决意转行，寻找新的方向。

伟业是我一位很尊重的师兄，跟他的相识是在一个项目组里。他属于那种大学里很积极向上的男生，到处做兼职，赚钱养活自己，经济独立，连学费都自己去交的上进青年。他几乎什么兼职都会做，销售、代理、送快递的小跑腿、中介、项目发起人，等等。

当我问起他对工作了几年的感悟时，他说："以前总是各种的异想天开，看到有人创业成功了，就觉得好像创业没这么难，自己就拥进创业的圈子里，直到出来去不同的企业实习，才发现，还是先要脚踏实地去工作，做着做着就自然有不一样的风景。"

他的这番话令我感同身受。

在离开了金融行业之后，我决意朝着自己真心喜欢的方向走，那时候第二份工作是在某大电商平台任职。"每一段经历都是一份收获，无论这经历是对是错，必要或者非必要。"这句话真对，虽然后来知道这个职位并不适合自己，却结识了很多这行业的优秀人才，学习了很多其他领域的知识。所以离职的时候，得到了同事的推荐，有更多更好的公司可选择。就这样，因有搭桥的机会，我能接触到更多不同的领域和职位，慢慢找到真正适合自己的工作。

在大学的时候，我绝对想不到未来我从事的职业会与我就读的专业无关。

所以说，路，走着走着，就走出来了。只要你坚持不懈保持向前的姿态，就会在努力的前行中，不经意间遇见惊喜。

3.

为什么我们看上去这么激情四射却总没能获得真正的成就？

因为你只顾着想而不去行动呀。

年轻的时候有着饱满的干劲，年老的时候有着年月积累下来的沉稳。随着年龄的增长，阅历的递增，思考方式和想要的东西总会发生变化。最后，我们需要在岁月的雕塑下，经过一个又一个尝试，才能雕刻出理想中的自己。

别一味想着如何计划，先脚踏实地吧。▲

—— 一位喵先生
金融业出身，现为自由撰稿人，职场上的万金油，感情中的聆听者，
继而在生活的摸爬打滚中，荆棘前行。

06

考研还是工作，还用纠结吗？

大学本科现在已经算不上是精英教育。上大学的人越来越多，但是对大学毕业后去干什么却越来越迷茫。总的来说，本科毕业主要就是两条出路：工作和继续进修。这两个选择其实不存在哪个好的问题，价值观是多元的，自己想好并努力追逐都没有错。

我并不想要逐一列出工作和考研各自的优劣，再结合你自身的特点来进行所谓的分析。我只想说，只要能抓住问题的本质，根本不需要扯那么多。其实无论是工作，还是进修（读研也好，出国也罢）最重要的核心素养就是：能力！能力！能力！动机！动机！动机！（重要的事情各自强调了三遍，请默默地在心中念。）只要具有这两样核心素养，无论选择哪一条道路，都能打拼出一片天地。

我很幸运地在两条道路上都有所尝试，都各自有比较深刻的体验。

先来说说工作，工作这个事情，没有任何一个老板想要找一个吃闲饭的人，招聘来，必然是要做事情的。所以，能不能胜任这份工作就是最重要的考评标准。无论你是公务员，还是事业单位或企业的员工，没有地方会需要一个连本职工作都完不成的人。不要真的以为公务员就是那种喝喝茶水看看报纸的工作，我所看到的公务员都忙成狗（当然和他们的工作性质有关，我认识的大部分公务员都是警察）。

由于专业是心理学的缘故，我曾经在人力资源部门工作过，所以了解，并不像广大毕业生所以为的那样，都是单位挑应聘者，想要挖一个优秀的人才，企业也是需要下血本的，当年扎克伯格邀请桑德伯格来脸书工作的时候，除了每周去约饭，还得陪桑德伯格的儿子练习击剑。利诱要到位，诚意也要到位。当然，也有人说了，像桑德伯格那样的人是极少的，我们怎么可能？这样的人，的确是少数，但招聘到每一个适合的人都是非常不容易的。挑一支称手的笔尚且需要反复地尝试及磨合，更何况是招聘一个人。

大企业自然是热门，可以挑人，但是很多中小企业在招聘上依然是比较艰难。这些年，也曾经遇到过周围的朋友请求帮忙物色适合的人选，即使是一个办公室的秘书，大家觉得就是端茶倒水打文件这样简单的事情，也需要一个机灵、负责、细致的人来做，要找一个真的完全适合的人，非常不容易。所以，请换位思考一下，企业要招聘一个适合的人，非常不容易，只要展现出自己的能力是适合自己的职位的，就很容易得到这份工作。在投简历之前，一定要看清楚职位描述，确认自己是否有能力胜任。

职业规划是一项长期的工作，开始得越早越好。如果想明白了要工作，就应当在读书期间尽量去锻炼与工作相关的能力。专业素养是最核心的，同时也需要培养许多"一般性能力"，比如变通的能力、协调的能力、沟通的能力，这些能力并不是看看书做做题就能够获得的。这些能力可以在学校的学生活动、社团活动、勤工俭学等活动中得到锻炼。在大多数企业的招聘中，对学生会的主席都是比较青睐的，能够搞定一个学校的学生活动，自然在各项能力上也是有相当水平的，这种能力远比课本上的知识更为难得。我曾经认识一位朋友，是大学时候的同学，铁了心要进入世界500强，但是我本科的学校仅仅是一个一般的本科院校，从这样的学校进500强是很困难的。但由于他早就打定主意要进500强，所以在读书期间曾经参加了一系列的社团活动以及兼职：组织活动，搬东西搬到气喘吁吁；沟通拉赞助，遭到无数的白眼；一个男生还去推销过卫生巾……听起来也是够了。但是，正是因为这一系列的工作经历，为他赢得了世界500强的职位。

当然，也有很多人根本没有想好自己是要工作还是要接着读书，在这种情况下不妨多去尝试。大部分人很难在一开始的时候就知道自己喜欢什么，但是通过不断地试错至少知道自己不喜欢什么，就像走迷宫一样，尝试多了，摸索出适合自己的路。而在不断地尝试中，也可以获得经验的累积。此处，给一个建议，请尽量尝试那些能够使自己能力有提升的工作，哪怕可能得不到工资，但是可以提高能力，也是值得的。一开始的时候可以去发传单、做促销，但是这样的工作专业性很低，几乎人人都可以做。通过不断地尝试，需要摸索的是自己的核心竞争力，通俗一点说就是能找到"非我不可，不可替代"的工作。这样的工作是需要专业性的，所以在尝试的时候，不妨多做一些与自己专业有关的工作。

我念本科的时候，曾经有一份实习的工作让我提升神速。我在网上看到一份NGO（非政府组织）招聘助理的工作，做的是心理学相关的项目，需要英语比较好，招聘广告上的要求是要有国外留学经历或者英语专八证书。事实上，我是不符合这个要求的，当时就是本着能让我学东西不发钱也行的态度投了简历，我的英语没有通过专八，我也没有海外留学经历，而且我还是国内一般学校毕业，但是我有心理学背景和雅思6.5的成绩，最终我还是收到了面试通知。连比画带说地和外方负责人进行了交流，最终还是得到了录用通知。进去之后发现一起工作的人要么是海归，要么是清华的，在为期两个月的实习中，几乎都是被逼着使用英文交流，特别是被逼急了之后不得不用英文跟外方负责人争辩，为了争辩，只能各种查字典，找资料，组织语言，于是，英语得到了突飞猛进的提升（学好一门语言的标志是能用它吵架，真的）。实习期结束之后，我得到了正式工作的 offer，但也得到了研究生录取通知书，最后我选择了读研。其实理由很简单，我觉得工作什么时候都可以找，但读书，错过那个时间点，要想再回来有点困难。

也有的人说，我不喜欢我的专业，我想干别的，也没有问题啊。如果实在不喜欢自己的专业，那想想自己要做什么，并朝着那个方向去发展。我有一位高中同学，大学专业是环境工程，自己实在不喜欢，想要从事金融方面的工作。在读书期间就有意识地学习相关内容，考取相关的资格证，毕业后，从实习生做起，一步步接近自己的目标，目前已经跨入金融行业，发展不错。另外一位朋友更加奇葩，本专业是机械类，却迷恋心理学。考研考了两年，成了心理学研究生，而且是学精神分析，这跨度也是醉人。还听说过医生最后成了语言学博士的故事，其实人生可以有很大的跨度，选错专业也没有什么问题。职业选择就像找对象一样，没有遇上几个人渣，怎么能随随便便出嫁。遇见自己不喜欢的，不也正好可以借此明确一下自己喜欢什么嘛。

对于本科院校一般甚至不太好的毕业生来说，如果考研能够进入一个更好的学校，比如211甚至985学校的话，对于找工作是有一定助益的。毕竟，在很多招聘中，英雄要看出处，在当下社会，学历还算是敲门砖。

综上所述，只要能力足够，在什么领域都可以风生水起，这个完全不用担心。

第二个方面，关于考研。

首先明确一个问题，考研其实并不能带来更好的工作机会，一个人的能力不是三年的研究生教育能培养起来的。觉得研究生工作更好找这是一个不太实际的想法。至少，在我熟悉的心理学和教育学专业，研究生地位非常尴尬。企业总体上不会区别对待研究生和本科生，但进高校的话研究生只能做辅导员。所以读研之前，务必三思，读了研究生之后工作还不如本科毕业时候的大有人在，三思，再三思。

其次，有些人是没有想明白自己适合读书还是适合工作，将读研作为一个备选项，这也未尝不可，在一定程度上我也是这种人。如果尝试成功，那么在学术的道路上越走越远，自然是好。如果尝试失败，觉得自己还是应该工作，那么，实际上也没有任何损失。在目前的情况下，硕士毕业并不困难，绝大多数硕士都能够顺利毕业。当然，我也见过更加极端的例子，我研究生的同学有退学的，原因很简单，尝试了一年之后觉得这个并不是自己想要的，她只身去了非洲做义工，遵循自己内心的召唤，然后回国找到了一份自己满意的工作。

最后一类，立志做学术的。这类人，自然是应该考研的，而且应该一路读到博士。只有进入到博士阶段，才能真正成为独立的研究者，接触到最前沿的研究，才能积累足够多的经验、技术和方法来进行更进一步的探索和尝试。独立的精神、严谨的思维，这是博士训练能够带给一个人的最大的财富。

相比于工作，考研是单纯得多的一件事情，专业能力、外语、政治，对能力的要求是比工作更清晰、更明确的。好的生源，是所有导师都非常喜爱的，各大高校都争相在暑期的时候举办夏令营、暑期学校等，招揽应届的毕业生，寻找那些有潜力的学生。逻辑清晰，表达流畅，外语再略好一些，那么绝大多数导师都会青睐。

从以上的分析不难看出，无论是工作还是读研，只要你具有足够的能力，都可以得到很好的机会，并获得良好的发展。所以，不要想那么多有的没的，打铁还需自身硬，实力过硬，走到哪里都不怕。什么不自信、胆小都是扯淡的，这些都只不过因为能力无法胜任带来的恐惧罢了。

说完了能力，说下一样东西——动机。动机是一个人身上的内部动力，说通俗一点，就是"不想当将军的士兵不是好士兵"，也可以翻译成志气，或者雄心，直白一点就是"有追求"。当一个人有追求之后，自然会想到足够多的办法来解决问题。就像男生在追求自己喜欢的女孩子的时候自然有办法搞清楚她的电话号码、课程表、上课的路线、什么时候吃饭、好朋友是谁；然后送花、唱歌、点蜡烛、拉横幅、花样表白。当一个人有追求的时候，整个人都是积极的，对问题的看法也是积极的。例如，当你追求一个女孩子的时候，她说你"讨厌"，你心里也是甜滋滋的。而没有追求，做什么都是懒散的。通俗地说，这种状态就叫作烂泥糊不上墙，即使勉强糊上去，一场雨也能让他掉下来。想要走得高，走得远，内在的动力是非常必要的。

我问过很多研究生导师，他们最喜欢什么样的学生，几乎所有导师都说要那种思维清楚、努力上进的。事实上，上进就是有追求，就是有内部的动力。读书是相对枯燥的事情，在你的同学工作、挣钱、结婚、生娃的时候你都在实验室待着，能维持这种情况的条件必然是有巨大的内部动力。如果一味等着自己的导师来拉动，那真的是太累了。每周可能超过60小时的工作，如果自己不喜欢，很难想象要如何坚持。

当然，能力和动机是要匹配的，这两样东西相匹配，能激发出一个人身上的巨大动力。如果动机和能力不匹配的话，那就是"心比天高，命比纸薄"，要根据自己的能力，设定恰当的动机，不切实际的想法不是理想，而是幻想。

对于成年人来说，要尽量考虑长远的目标，生活不能只有得过且过的苟且，还要有诗和远方。在追求诗和远方的时候，自然能锻炼到苟且的能力。求乎其上，自然得乎其中，你追求做翻译，怎么地也能考过四六级；你想当数学家，高等数学自然不是问题；你想当作家，自然要读书百遍。如果只集中于眼前的苟且，那就还有明天的苟且、后天的苟且和大后天的苟且，以及读不懂的诗句和永远到不了的远方。

所以，其实不用纠结，一般来说能力有问题的话，工作找不到也考不上研的。▲

——小莫大王
心理学硕士，认知神经科学博士，高校教师。

第 二 章

Chapter 2

定位越舒服，
职涯越危险

温水煮青蛙，越舒服越危险。天赋给了你可选的方向，定位决定你可以走多远，你的人生需要规划，让努力匹配上你的梦想。小小的格子间不应该局限你的成长，要超越职位去看自己的职业，如果心有余力也足，不妨试着做个斜杠青年，拓展自己的发展路径。奋力向前冲的同时，也别忘了时时回望，不断调整自己。

01

别用战术上的勤奋，掩盖你战略上的懒惰

这是一个"忙碌崇拜"的时代，大街上每个人都步履匆匆，但是每个人又仿佛都不知道自己到底在往哪里奔跑。

很多时候，忙只是我们安慰自己的借口，千万不要用战术上的勤奋，来掩盖你战略上的懒惰。

我经常在朋友圈上看到有人发一条状态，叫"要让自己忙起来"。

心情不好了？让自己忙起来就好了。失恋了？让自己忙起来就不痛了。离婚了？让自己忙起来，一切都会重新有的。"忙"好似一剂万能药，包治百病。

我有时真的很想问问这些人：忙起来又怎样？"忙"和你那些困境有啥子关联？忙起来你那些破事儿就会自动解决了？

还有一类人，真是不敢再叫出来玩了。动不动"我的时间很宝贵"，吃个饭而已的时间要接八个电话。一筷子菜还没吃完她已经转了三条状

态，扫一眼全是教训人的辣味"鸡汤"。屁股还没坐热就来一句"我一会儿8点还有个活动要先走，你们继续，不用管我"。

是，我们是可以继续，可是多扫兴。就你事儿多，就你最忙。

1. "拜忙碌教"，人人都怕自己"产能闲置"

我们这个时代，对"忙"这个状态，有一种奇怪的信仰，可以叫"忙碌崇拜"或"拜忙碌教"。具体表现是每个人都怕自己的产能闲置，每个人都觉得自己的时间利用率过低。

他们总叫嚷着人生就是赛跑，于是看哪里都是跑道，看谁都是对手。在自己前面的人都是堵自己路的，在自己后面的人都是来抢自己饭碗的。

这种焦虑和恐惧是如此深入骨髓，以至于他们不得不不时创造出一些与忙碌有关的宗教仪式，以使自己免于过度惶恐。

这种仪式重形式而不看实质，其暗藏的逻辑很奇怪，是倒果为因的，不是因为真的有事情需要自己去忙，而是坚信不能让自己闲下来。这种想法有时颇为可爱，就和小时候读书考试前逼着自己熬通宵一样，只是给自己一点心理暗示，仿佛自己已经熬了夜，自然也就算努力过了。既然已经付出了那么多，哪怕从公平的角度，冥冥之中老天也一定多少会给我些回报。

这个念头很多人从学生时代一直带到了工作后。深更半夜，地标写字楼的办公室灯火通明，一群群的年轻人耗在办公室不回家，美其名曰现在就是拼搏的阶段。明明没什么事情非赖着不走，这么一来搞得其他人也走不脱，大家憋在一起糟心。

这种仪式有时候是演给老板看，更多的时候是演给自己看。至于为什么要加班，全忘了，而且也不重要。反正感觉周围人都在用跑的，你就不能用走的，落最后一名就一定只有喂熊的份。

你装忙，搞得我也只能装忙，职场于是变成了谁比谁更忙的军备竞赛。有时为了体现出自己在做事，便只好故意找碴儿，无事开会，提各种无意义的建议，还要把其他各种莫名的人拉进邮件群发组和电话会议中陪伴自己，让自己"忙碌"的形象得以更加深入人心。

神仙打架，小鬼遭殃，这股风气害苦了下面的小朋友不说，事情彼此叠加，至少有一半以上的活儿是被这样人为凭空创造出来的，可谓工作量的货币乘数。就我所见，今天商业界的官僚主义，一点也不比体制内逊色。

2. "忙碌"其实是个精心编织的陷阱

"拜忙碌教"还有一个变种的流派，叫作"苦难崇拜"。他们坚信着孟夫子的教诲——天将降大任于斯人也，必先苦其心志。于是这群人便又开始倒果为因，用"苦"来折腾自己，以求得老天注意和垂青。这种原始而简单的思维和求雨是一样的逻辑。这种地道的迷信，只不过因为被包装在"自我提升"这样的假大空概念里，就显得极为励志。

于是现在到处都是一群又一群的，非要在自己不擅长、又无天分的领域里死命折腾自己的年轻人，明明不适合，还天天给自己打气"坚持下去"，觉得自己在锤炼心性。这些人从来不花一点点时间去思考，自己最适合的领域是什么，如何能多快好省地做事情，他们相信反正用苦行僧仪式把自己逼到最惨，自然会有福报。

半夜打开朋友圈，净是这群人发的"又是凌晨到家，心里满满的""给自己暗暗加油"，这群人每天上班路上都在听五月天，每天要感动自己五次，但其实并没有什么用。在许多人心里，觉得自己已经付出了这么多的代价，所以一旦得不到想要的结果，那种怨天尤人、觉得世界不公的埋怨也就很自然地冒了出来。

"忙碌"是一个精心编织的陷阱。"拜忙碌教"就更是一个伪概念。

忙、累，只是你自愿投下去的成本，并没有任何人许诺过，你的一切投入就一定可以获得回报。投下去却听不见响儿的风险，你必须自己承担。

看似积极进取，让人充实充盈的"忙碌"，其实是在用日复一日的琐碎来把人禁锢在一个无形的牢笼之中。让你始终处在一个被优先度很高、但重要性不高的事情环绕的状态，所有时间和精力全部被调用来应付眼前的琐碎事务，再无法腾出脑力和时间来思考任何长期、远期的东西。

你若处理得又快又好，那就更是只能在这个陷阱中越陷越深。基于能者多劳的规律，可以预见的是只会有越来越多的琐碎事务压给你，谁让你干得好呢。

于是你更加腾不开自己，完全无法回应那些优先度低的事情，哪怕这些事情从长远来看要重要得多。这种形式主义的忙碌，会在意识层面上麻木自己，欺骗自己这颗螺丝钉正在从事着至关重要的事业，整个组织都仰息依仗自己而存在，公司少了我不行。

其实，怎么会少了你不行呢？不仅少了你行，少了谁都行。你太小看大公司组织的自我修复能力了，在这些机构的眼里，根本没有谁是不可替代的。

你整天在你的小办公桌前贴报销单贴到心焦，回复着各种毫无意义的邮件，回到家发个朋友圈"今天是充实的一天，忙到能够让我忘了那一切"。倒果为因，刻意把自己逼上忙碌的挡位，只能给自己带来无尽的挫败感和深刻的自我否定。

何况大部分人日复一日的重复性工作，只是不断被各种琐碎的事务卷入，和"自我提升"根本就是八竿子打不着。忙碌看似是万能解药，但除了让你自嗨一下，带来的只有假充实感。

3. 不要用战术上的勤奋，来掩盖战略上的懒惰

对这种"拜忙碌教"乐见其成的，自然就是老板了。更不用说，在许多机构中，有些职位的设置，其实就是专门设来坑这些穷忙族的。多做多错可不是一句空话，每件完成的任务就是一个附带风险的定时炸弹，干的多了，谁也熬不过大数定理。

这世上从来没有一个矿工，因为挖矿又快又多而能当上矿主，但这不妨碍矿主给矿工编织美妙的童话。所谓的"我辛勤忙碌的付出能够给组织、给时代带来不可估量的正效用"，归根结底只是感动了自己的刻奇（Kitsch，讨好自己）心理。

工蚁们从来就只是时代画布里一颗颗细小的尘埃，"拜忙碌教"的人终日片刻不得闲，却未曾停下来想过自己到底有没有在对的方向上努力。堆砌时间和堆砌自以为是的"努力"，这种量上的积累再多，也无法引起

质变。有时，必须要停下这台忙碌的机器，重新审视，才能知道真正对的路在哪里。

不被忽悠，才可继续出发。随波逐流，是最大的时间陷阱。

当你被日复一日的琐碎围绕时。拿出一部分"忙碌"的时间来想一想，怎样抄个捷径，怎样对自己好一点，怎样能早日跳出这个忙碌的循环。不要用战术上的勤奋，来掩盖战略上的懒惰。▲

——肥肥猫

LinkedIn 专栏作家，资本市场律师，知乎知名作者。

02
如何找到自己的天赋，并将它发展成你的事业

上帝把我们每一个人这么放在世界上，一定有他的用意，人的基因有这么多种，一定组合了一部分东西是和别人不一样的。

英国散文家托马斯·卡莱尔说："世界上最不幸的人要数那些说不清自己究竟想做什么的人。他们在这个世界上找不到适合他们干的事，简直无处容身。"

本文不想对中国的教育评头论足，只是跟大家说明一个现状：

无论是在家庭教育中还是在学校教育中，家长们和教师们最关注的是孩子的学习成绩，最关注的是孩子能否考取好大学。因此，从小到大，你的天赋就被人们忽略了，被人们遗忘了。

你的天赋就像一颗被蒙上尘埃的宝石，遗弃在一个偏僻的角落，静静地等着被发掘。

只要你能够找到合适的路径，从日常生活的细节中留意天赋留下的

"蛛丝马迹"，你就能够寻找到打开天赋大门的钥匙。

每个人都是带着成为天才的潜力降生在这个世界上的，可惜很多人穷其一生也不知道自己有特长，更谈不上发挥和利用它们了。

（一）发现你的兴趣爱好

我给大家列了 13 个发现自己兴趣爱好的方法，这些方法都是我亲自尝试过的，能更全面地帮助我们认识自己。

1. 你做什么事情受到过赞美，哪方面的称赞是最多的？

每个人都有受到过称赞，绝对不要谦虚，可以是任何事情。把这些事情写下来，然后分析清楚背后的真相，让你做好这些事情的特质是什么？比如，"我很喜欢这件事，我喜欢挑战，因为我很细心，我很有耐心，我善于沟通"等，列出 1、2、3……这些都是你的优势。

2. 向你的朋友求助

告诉他们你的目的："我想要更好地了解自己，你们是我的好朋友，希望你们能够如实地对我进行评价。大家觉得我是一个什么样的人？你们觉得我的优点是什么？你们喜欢我身上的哪些特质？你们受不了我身上的哪些习惯？你们觉得我适合做什么行业……"

你可以自己设置问题，为了得到更好的反馈，有几个关键点需要注意：

1）告诉大家你需要真实的反馈，同时你要调整好自己的心态，你肯定会收到意想不到的评价，不论评价是好是坏，你要全然发自内心地接受，然后再认真对照反省；

2）你设置的问题要包括开放式和封闭式两种，开放式问题更有助于大家给你提建设性的意见，而封闭式的问题有利于大家给你提真实和具体的意见。

3. 列出你最有成就感的事情

写下让你最得意的那些事情。从小，你有没有做过一些事情，你不用太努力，就能比别人做得好？或者别人做了却放弃之后，你还是充满兴趣地乐此不疲？有，一定有，你的天赋不是你能像姚明一样高，像刘翔一样快，而是体现在你喜欢，你擅长，你能比身边的人做得好一点点的事务上。刘翔一开始也不是这么快的，他也需要后天不断的努力，把自己的潜力变成核心竞争力。

4. 列出你欣赏的那些人

人都喜欢和自己一样的人，因为他们身上有你的影子或者他们身上有你想要成为的那部分自己。

比如，我从小就很喜欢李连杰，喜欢他睿智、敏捷和干净利落的特质；喜欢周润发那种成熟而又不失幽默的性格；喜欢星爷童真、无厘头、快乐与忧伤并存的形象……认识我的人都知道我喜欢问为什么，我做事一向快速高效不喜欢拖拉，我主持的会议很犀利、很严肃却又很温和。

当然，很多人的喜欢是没有深度的，比如追星是因为对方长得帅、身材好，还有很多人是因为大家都喜欢，所以自己也盲目地跟着喜欢。

你要找出欣赏一个人背后的真正原因。

5. 善于做白日梦

不要敲醒白日梦，那是你的创造力！科学研究表明，人在发呆空想、做着白日梦的时候，恰恰是创造力最丰富的时候。许多天才的发现和发明，都是一瞬间的灵光闪现迸发火花。

你要善于做梦，你要拥有做梦的能力！

我发表过一篇文章——《你永远享受不到自己没有意识到的东西》，大家可以搜索阅读。

如果莱特兄弟没有思考"如何飞行"，我们就不可能享受高速飞机带来的豪华旅行；托马斯·爱迪生，有了连续可移动画面的想法，才为我们带来了崭新的娱乐方式；贝尔想到了要把人类的声音通过金属电线传递，我们现在才能拥有打电话交流的便利。

这里面最核心的不是这些发明，带来这些发明的知识是早已存在的，可谓知识本天成，妙手偶得之。

在大自然的字典里。根本不存在失败这两个字，所以资源从来没有缺乏过，也永远不会缺乏，真正缺乏的永远只有意识。

6. 天赋通常表现为一种学习的能力

天赋通常表现为一种学习的能力。你拥有某种天赋，那么你学这方面的东西就学得比一般人快，甚至是无师自通，这也就是中国人所说的"悟性好"。

比如学广东话，有的女孩来广州一年，广东话就说得很地道，完全听不出是北方人；有的人来广州十年，广东话还说不好，有的甚至还听不懂。

所以，对新事物学习的快慢可以反映出你的天赋和优势，仔细回想你的过往，相信你能找出自己意想不到的潜力。

7. 列出你的朋友圈

"物以类聚，人以群分。"

列出你的朋友圈，列出跟你经常交往的人群，包括网友、同学和朋友，然后仔细分析他们的性格和兴趣爱好，你可以问自己："针对每个人，我最喜欢他的三个优点是什么？我们经常在一起干的事情是什么？我们经常谈论什么话题？连接我们友谊之桥的最核心的事物是什么？"

照着这种思维去寻找，然后统统写在纸上，其实你就是这样的人！

8. 如果你有一根魔杖

抛弃一切的限制，如果你有一根魔杖，它能满足你所有的愿望。那么你的愿望是什么？我建议你写出 99 个愿望，不分大小，比如想要 10 辆玛莎拉蒂、20 辆法拉利，想要做银河系的首富，想要……统统写下来！

写得越多越好，因为前面写的可能都是生理或物质方面的需求。

每个人都有三个"我"，本我只会吃喝拉撒、随心所欲；自我是满足本我的需求却又得保护本我不受伤害不受舆论的谴责，所以自我很虚伪；而超我是自我实现，承担社会责任。所以你要写得很深入，从基本的本能需求写到社会责任及自我实现。

即"在完全衣食无忧、富足和幸福的情况下，你最想做的一到三件事是什么？"想明白以后再倒推回来，这就是让你热血沸腾的事，绝对可以称之为事业了。

9. 看职业分类大全

首先，有可能你完全不了解天底下还有这样的职业，其次，就算你知道某些职业的存在，但你不知道它的特性，或者只知道一点点。所以，建议你去了解现有职业有哪些，再深入了解每个职业的特性是怎样的。

你会发现有的职业你一看就觉得反感，而有的却是那么让你着迷和心动！

10. 了解各大专业及其就业情况

同第9点，你未必了解所有的专业，或者了解不深入。可以按照"文史类"专业、"理工类"专业和"文理兼顾"专业，了解清楚这些专业以后，筛选出自己感兴趣的专业，然后再深入研究。

研究它的内涵、属性和发展趋势，然后再结合自己的实际情况，制订出自己的人生规划。

11. 了解各大招聘平台的招聘岗位

首先对所有的招聘岗位做一个了解，然后自己重新分类，比如销售、财务、战略、技术研发、行政体系，等等。最后，分析整理出每个板块需要具备的核心能力是什么，如果不清楚的话，可以查看岗位职责。再筛选出和自己的特长相吻合或者自己感兴趣的板块做深入规划。

12. 关注创富故事和黑马企业

我们身边有很多白手起家的案例，驭爷不是叫你去模仿别人，而是他们的故事能给你启发和灵感。很多故事会给你"哇"的感觉，"这样都能赚钱"！你要多关注最新的 APP、最新上板的公司以及并购案，去思考背后的商业逻辑！

13. 有机会就尝试

很多人习惯性地把自己不熟悉的领域归类为"我不感兴趣"。其实不是这样的，我们刚出生的时候连爸爸妈妈都不会叫，但是我们对世界充满了好奇，所以我们小时候的进步是飞快的。你现在要找回这种感觉！

比如我之前一直没有游过泳，但去年跟几个股东去玩的时候，他们硬把我拖下水，没想到三分钟以后我就学会了，我瞬间觉得游泳很好玩，他们游累了的时候，我还说"再玩一会儿吧"！呵呵！

所以，你不要害怕尝试，拒绝尝试就等于拒绝了了解自己、成就自己的机会。

以上是 13 种发掘自己兴趣爱好的方法，每种方法之间并不是孤立的，有的兴趣看似矛盾却紧密相连。

（二）筛选爱好，发现自己的特长

发现自己的兴趣只是第一步，接下来是要发现自己的特长。自己的兴趣自己可以发现，障碍只在于没有发现自己全方位的兴趣，但自己的特长往往要靠真正有经验、有发展眼光的人才能发现。

兴趣可以是很广泛的，特长却是专一的。

青少年的兴趣像时装流行色一样，会随时变化；特长是指自身生来就有或从小培养的优于一般人的特质。这种特质在成年后不易改变，也难培养。所以，如果你的兴趣在自己特长的基础上培养，你的工作能发挥你的特长，你就容易取得一般人难以达到的成绩。所以，你应该注意发现自己的特长。

刚刚跟大家分享了如何发现自己兴趣爱好的 13 种途径，现在，我要教大家如何从兴趣爱好中找出自己的潜力或特长，一个人的兴趣爱好往往蕴藏着自己的天赋，但兴趣爱好不等于天赋。例如，你非常喜欢唱歌，但你不一定有演唱天赋。

所以我们可以从自己众多的兴趣爱好中寻找自己的天赋，但我们不能把兴趣爱好当成自己的天赋。

把所有的兴趣列出来以后，我们要剖析自己的兴趣。针对每一个兴趣，问自己三个问题，然后把答案写在兴趣下面：

1. 这是我真正的兴趣吗？

衡量标准是"我能持续热情地坚持去做吗？"也许这只是你觉得很好玩或者听别人说好玩而已。

2. 我为什么喜欢它？

也许你是为了得到尊重，受到表扬，或者因为觉得帅，为了取悦父母或另一半等，全部列出来，千万不要自己骗你自己哦，你要真实面对自己。比如，我的高中同桌喜欢王力宏是因为他喜欢的女孩子是王力宏的脑残粉，他连上课都在学王力宏的歌！这完全不能称之为兴趣！

3. 什么情况下我会不喜欢它？

这就是你的背叛筹码，这是第 2 个问题"我为什么喜欢它"的补充，起心动念很重要，比如我的同桌，如果他最终确定那个女生不可能跟他在一起，那么他肯定会背叛"自己喜欢王力宏"这件事情，因为我知道他喜欢摇滚。就好比你做流浪歌手是觉得酷或者感觉很潇洒，那么当听众不买账的时候，你就会想要退缩或放弃，因为你的初心是"酷和潇洒"。

这是很重要的一步，你可以列出很多理由说明你喜欢一件事情，但请记得问自己："什么情况下，我会放弃它？"结果往往会让你大吃一惊！当你找不出什么理由会让你放弃一件事情的时候，请进行第 4 步。

4. 做好这件事，我需要放弃什么？

公正、客观、全面地列出："怎么样才能做好这件事，才能把这个兴趣发扬光大？" 把所有可能遇到的挫折和障碍都列出来，也许写到一半你就想要放弃了！

如果没有，那么继续写出"我需要付出什么代价"，最直接粗暴的方式是问自己："我能为这件事情放弃什么？"

列出你需要放弃的清单，如果你的感受是"欣喜、自然、放松、安详、从容"，那么恭喜你，你已成为目标人物；如果你的体验是"紧张、焦虑、犹豫、彷徨"，那么请你三思，先搁置一下，继续分析其他的兴趣。

（三）定出目标，开始上路

你筛选出的最终兴趣最好不要超过三种，如果超过三种，那么需要继续筛选，需要重新深入分析你的兴趣爱好，最终留下三种。基于这三种兴趣，请做如下思考：

1. 写出三种兴趣的最终成就

给你 10 年、20 年，你希望最终的结果是怎样的？这就是你的终极目标。

2. 要达到最终的目标，你的最大优势是什么？

把它列出来，然后思考"如何把这种优势变得无可替代，没有人可以取代"！这就是你的 mark，这就是你的品牌、你的 logo、你的标志！

3. 列出要完成这件事情，你最大的劣势是什么？以及如何避免你的劣势？

注意，劣势是用来避免而不是补强，因为你的劣势是很多人的优势，人生最大的悲剧是用下等马去参赛。如果你避免不了你的劣势，那么请先保留这项兴趣，先分析其他的爱好。

4. 拆分你的目标

把目标拆分为长期目标，再根据长期目标拆分出中期目标，以此倒推，列出短期和近期目标。这就是人生的整个规划过程。

你是谁？你自己，其实并不是你自己！除非你全方位认真地剖析自己，我们知道很多人就是没能正确地认识自己而导致了各种人生悲剧。认识自己是一个浩大的工程，很多人宁愿闻风而动、四处乱窜也不愿意静下心来认真剖析自己，因为他们不敢面对虚伪的自己。

相反，如果你能静下来，认真、耐心、勇敢、真实地面对自己，那么你一定会充满能量，充满热情，充满吸引力和创造力！从现在起，你要真实地面对自己，绝对不要欺骗自己，你要听从自己内心的声音，你对自己越忠诚，你的直觉就越敏锐，你就越发具有"超能力"！▲

————驭爷
专为女性私人定制如何用爱好赚钱的第一人。

03

对不起，我要当一个斜杠青年

因为职业的关系，接触了很多撰稿人。

他们主业的标签已经足够亮眼：麦肯锡咨询、某著名律所律师、外企中高层……在这之外，他们也是知乎大 V、豆瓣红人，他们出书办讲座做培训，忙得不亦乐乎。

每逢暑假，又要在电视上看到《还珠格格》了，猛然惊觉主演现在的身份都可以用 A / B / C / D 来描述：

赵薇：演员 / 老板 / 导演

林心如：演员 / 老板 / 制片人

范冰冰：演员 / 制作人 / 投资人

他们，就是眼下层出不穷的"斜杠青年"，拥有多重职业身份的人。他们是如何炼成的？

"斜杠青年"一词源于英文"slash"（/）。但斜杠青年不同于传统兼职，并不是简单粗暴地出卖自己的时间和劳动力。

"典型性"斜杠青年会选择自己感兴趣的领域来折腾。他们可能白天在办公室里朝九晚五，下班回来经营公众号、当专栏作家、做网络教育的老师、担任健身教练……

他们"贩卖"兴趣、知识和经验，并且多是长时间积累所成，不可机械复制，难以被替代。

现代人越来越愿意为了知识与精神娱乐付费，这为斜杠青年提供了广阔的市场；而互联网为他们提供了平台。

一年前，谁能想到 Papi 酱，一个中戏导演系硕士，可以凭着业余拍摄搞笑吐槽小视频获得 1 200 万的融资？

这或许是最坏的时代，但一定也是最好的时代——谁都可能拥有下一个"斜杠"。

1. 用兴趣赚钱，谁不想要？

为什么"斜杠青年"这么火？

显而易见的是，当一名斜杠青年，首先可以为你带来更好的"钱途"。在行、值乎、分答等付费问答产品都是斜杠青年知识变现的新途径。

但许多斜杠青年一开始，其实并不是冲着买家去的。

他们可能是 45 度角仰望星空的文艺青年，总有一肚子的"肿胀"要在豆瓣抒发；他们可能是心怀天下的热心前辈，愿意在知乎上回答诸如"被传销洗脑是一种怎样的体验"等问题；他们可能是段子顺口拈来的逗×，久而久之在微博上凝聚了不小的人气。

经过一定时间的积累，兴趣成为斜杠青年撬动地球的杠杆。有人愿意为你的兴趣"埋单"，难道不是件幸福的事？

2. 让优秀成为一种习惯

另一方面，拥有多重职业，会逼着你去重新审视自己的时间规划，挖掘潜能。

大学期间，有人可以兼顾学习、社团、实习，也有人连基本的考试都应付不过来。后来你会发现，前者在各个领域都如鱼得水，而后者，一份工作已经让他们筋疲力尽。

差在哪里？四个字：时间管理。

优秀的斜杠青年，需要在别人完成一份工作的时间内完成好几样工作，这种模式将会推动你更好地规划自己最重要的人生资源——时间。

我发现朋友圈里优秀的自媒体人有一些共同的特质：早起，回微信很慢，很少发朋友圈，但是公众号总是更新得特别勤，而文章常常是在机场候机的时候写的。

一句话，优秀是一种习惯。

那些牛 × 的人，会让优秀的特质像滚雪球一般良性循环。

一位撰稿人，常常白天收到我的微信，晚上 10 点才能回复：刚开完会回到家。

而这时候更忙碌的一天才刚刚开始：推送自己的公众号，回复读者，做一场事先预约好的线上咨询……等过了 12 点，我正准备去睡觉，他发来微信：接下来准备写给 LinkedIn 的稿件。

周末，他香港深圳两头跑，忙讲座，忙线下咨询。

看到他，我常常自叹弗如地感慨：一名合格的斜杠青年，无论精神还是体力都要经受住严峻的考验。无论天生抑或后天刻意培养，他们都具备这些素质：

• 精力充沛。没有足够的精力，如何学习和拓展你的兴趣？

• 渴望更好的自己。谁都渴望改变，但真正有所改变的人一定是内心对此极度渴望的。这个愿望有多强烈，就能推着你走多远。

• 充满好奇心。大家都做公众号，你如何做出个人的卖点？对身边事保持思考与洞察力，才能从模仿到创造。

如果你想成为这样的自己，赶紧迈出"斜杠"的第一步吧！

3. 花在兴趣上的时间从来不是浪费

优秀是可以通过后天的努力炼成的。但聪明的斜杠青年，一定是在对自己有充分了解的基础上有的放矢。

所以你要做的第一步，是梳理现有资源，明确定位，提升技能——如同给主业做职业规划一样，副业也是需要规划的。

但是说起来容易，如何识别自己的技能呢？

有很多手机软件可以记录完成每件事情的时间，可以帮助我们看到投资在各种兴趣爱好上的有效时间，通过对比效率，得出自己的特长与技能。

当一个项目累积到一定时间，你就可以考虑把技能变成变现的手段了。

比如，你发现一年过去了，你花在看电影上的时间是弹吉他的 5 倍，这就意味着，比起某乐队吉他手，你更应该考虑做个影评人。

要是你花在玩游戏上的时间特别长也不一定是坏事，说不定还可以考虑去做游戏直播呢。

花在兴趣上的时间，从来都不是浪费。

我一个朋友看了十年篮球，NBA 明星的前世今生都了如指掌，转行做了某门户的篮球解说员，工资是以前的 5 倍。

你肯定注意到了十年这个关键词——对，看球的人很多很多，但十年这个门槛决定了，能把看球真正转化成技能的少之又少。

所以在找到自己独特的兴趣和技能后，你要做的就是将它"养肥"，逐步创立自己的品牌（Personal Branding）。

这是一个漫长的过程。许多知乎用户，从 Nobody 到大 V，经历了好几年的默默无闻。微信公号也是，从 0 到 10 万粉丝，有的人花去了一到两年的时间，天天更新。

在这个过程中，你也许会无数次地想要放弃，但是且慢！现在的你，距离优秀只差了一个坚持。

这世上从来都不缺野心，大多数人却输在了坚持。

这里再补充一点：不仅有输入，更要有输出，例如通过写作检验自己的成果，或者在朋友面前"显摆"以鼓励自己。共勉。▲

——Lee
曾创作 LinkedIn 微信订阅号 45 万 + 阅读爆款文章《站在樊胜美的起跑线上，有可能跑到跟安迪一样的终点吗？》。

04
不要用职位去定位自己的职业

1. 没有所谓的 "轨道"，路从来都是自己走出来的

如果 10 年前设想自己所谓的 "人生轨道"，我完全想不到今天的样子。因为岔路实在太多，最初哪怕只是小小的方向改变，都会越走越远，差别自然也越来越大。

高中时在文科班的我最喜欢读李清照的词，"寻寻觅觅，冷冷清清，凄凄惨惨戚戚" 什么的，简直是我心绪的写照。到美国读大学，我却转学计算机专业。

那时是互联网热潮，我倒不是因为 "跟风" 去学，而是因为实在读不懂英文的 "诗词"，莎士比亚的奥赛罗总是不如曹雪芹笔下的林黛玉容易让我找到共鸣。

这个时候，计算机为我打开通往另外一个世界的窗口：这里没有梨花

带雨，却充满了严谨与逻辑，完全颠覆了我前半生的人生观。人生中第一个程序成功运行，在屏幕上显示出"Hello World！"两个词时的兴奋，至今记忆犹新。我特别享受一个个程序从代码中变化出来的成就感。

职场的起点在诺基亚，职业是程序员——确切地说，是位"女程序员"。

大学时代的每行代码都是自己写的，工作的第一天就是开始啃前人的代码，要绕开若干的坑，不断地贴补丁，这才发现我的代码我做不了主。

在开发韩国、巴西和哥伦比亚市场的产品过程中，我开始思考一个很重要的问题：同样是手机，为什么给不同市场开发的软件这么不一样，到底这是不是用户想要的？好奇心开始驱动我想要跨过代码，了解用户。

真正下定决心改变，是在一个很平常的周五的傍晚。下班时，我准备和大家告别。没想到在开口的那一刻，发现自己的嘴唇粘住了——我忽然意识到，自己竟然一整天都没有开口说任何话了！

实际上从小到大我都不喜欢和人交流，在那之前我甚至笃定这辈子都不要做任何公开演讲。但就在那一刻，从来没有那么一刻，我那么渴望自己能够和别人交流，更渴望贴近用户，解答我心中的好奇，我做的产品到底是不是用户想要的。

进入梦寐以求的常青藤大学，完成 MBA 学业，这有助于我更快地转型。重归科技界，加入微软美国总部做市场营销。所在的部门是微软最小的业务线，负责企业市场 ERP（企业资源计划）、CRM（客户关系管理）。

部门的老大是 Satya Nadella（萨提亚·纳德拉），也就是微软今天的CEO。当时我很羡慕在其他主营部门的 MBA 同学，觉得他们很受重视。回顾那段经历，如果不是在个小部门，也不会有在西雅图大暴雪的那晚和

Satya 一起加班录制视频的机会了。

2. Google 是如何命名"安卓"的

2007 年，我打算回国。当时同时收到两个工作机会，我毫不犹豫地选择了薪资低 60% 的 Google。后来偶然在和一个猎头聊天时，看到她诧异到半天说不出话，才明白对于许多人来说这是不可思议的选择。事实上，这是天秤座的我做过的屈指可数最不纠结的决定之一。

因为这个决定让我思考清楚了自己到底要什么：既然赚不了大钱，那更不能浪费自己的时间——我必须在 Google 全力以赴，给自己升值。职场上的升值，比起眼前的薪水更为重要。

2008 年，Google 推出开源平台——Android。中国背靠强大的技术开发者环境，被幸运地选为全球仅有的几个市场来推广。看完总部发来的Android 视频，技术出身的我竟然完全没看懂这是要做什么。

没有任何实质性产品，一个开源平台就要向开发者推广。我还记得当时特别担心中国的开发者不愿参加我们搞的在线开发竞赛，害怕奖金发不出去。

我所在的市场团队为了给这个新平台起个适合的中文名，展开了激烈的讨论。我们首先想到的就是"安卓"——安全卓越，好彩头，发音也接近。后面又想了十几个名字，都不如第一个好。

在 Google 的六年里，我给好多产品取过中文名，其中很多已经无人提起。定"安卓"的那个晚上，我以为又是个普通的产品，然而几年以后，我们所有人都见证了安卓平台的强势崛起。从这件事，我学到，不管是人还是伟大的企业，要有一个长远的愿景。即景乃冈，你才能看到不一样的风景。

3. 如果变成了温水青蛙，辞职才是最好的决定

决定从 Google 辞职，又是一个瞬间。我在例行做下一年的计划时，发现自己写下的都是之前做过的成功方案，实在想不出能突破自己的了。过去的六年里，遇到挫折时我有过辞职的念头，但清楚地记得自己舍不得离开的是富有激情的团队和每天新奇的挑战。

但当辞职的念头再次在我脑海里闪过的时候，惊觉自己留恋的是公司给的国际医疗保险，20 多天的年假。那一瞬间，我意识到自己变成了温水里的青蛙。我知道，我必须得离开了。

但是天秤座的我还是会纠结！我的薪酬、职衔都挺好的，我还带着一个团队……

直到想起当年决定加入 Google 的原因，不是因为它的薪酬福利，而是我特别热爱这项事业。终于在天平上加了一个制胜的砝码：下一份工作，我仍然会问自己相同的问题，我是否足够热爱它以至于放弃那些浮云的追求。

放在人生的长度里来看，年轻人（好吧，那时的我已经不年轻了）不应该被短期的利益蒙蔽住双眼，更不应该屈服于惯性，长期的职业发展才是更重要的。

4. 职场上的再次出发

沈博阳是我在 Google 的老同事，但实话说，他刚带领 LinkedIn 进入中

国时我并不感兴趣，我觉得这定又是一个拿着总部做好的策略进入中国的互联网公司。

春节的时候，我偶然在朋友圈看到了沈博阳发的一条微信，他说过年回家他母亲问他的工作是什么。他说，如果能把这个给母亲解释清楚，那LinkedIn 在中国就算是成功了。

这句话一下子燃起了我的兴趣，原来他自己也不知道在中国成功需要做什么！这对于我来说是一个挑战，心动不如行动，于是我就加入了LinkedIn。

我亲身经历过 Google 退出中国，以为中国与世界的连接就此断掉。然而我又看到了希望，LinkedIn 领英已经成为中国唯一一个和世界相连的平台，更重要的是它充满了正能量，将中国的优秀人才与全球平台相连接。互联网的初衷就是去中介、平台化，让机会与人更高效对接。就凭这一点，我特别相信 LinkedIn 在中国能成功。

5. 互联网精神需要的是操守

在这些硅谷公司工作，如果问我最大的收获是什么，我会说是互联网精神。

互联网精神是 Users First（用户为先），用户的隐私、体验永远是互联网公司生存的命脉。江湖中传说中国的互联网公司很接地气，地气与底线却是有区别的。

如电视报道过的，一些公司为了扩大营收不择手段，不仅在电脑种下删不掉的 flash cookie（记录用户访问网页时的信息），甚至在移动端做手机的 IMEI 码（手机串号）绑定，这是重装系统都无法摆脱的。这都逾越了用户为先的底线。

Google 每改一次广告产品都会造成广告收入的下降，这是因为从用户体验出发，减少了用户的误点击，同时也提高广告主的 ROI（投资回报率）。虽然短期内收入减少，但长期来看，无论对用户还是品牌，都是有长远裨益的。

正因为如此，Google 即使退出中国了，依然有客户在上面投放广告。我曾问他们为什么要这么做。他们说：我只是想知道，干净的互联网广告数据到底长什么样。

硅谷出生成长的 LinkedIn 也在中国坚持这样的操守。

6. 除了妻子和母亲，女性的更多可能

人的角色是多样的，除了职场，在养育孩子的过程中，也是一种成长。母亲教育儿子好像是天经地义的，但儿子也会批评我。有一次他严肃地跟我说，妈妈你从回家就在一直玩手机。

很惭愧，我教育他要专注，自己却没能做到。于是我和孩子约定要互相监督，我和孩子在一同成长。

移动互联的时代，我的时间被手机碎片化了，思维也是碎一地。喝了领英中国微信号无数正能量心灵鸡汤后，我深刻地认识到：人丑就要多读书！我喜欢读人物传记。有很多人你觉得他今天特别了不起，去读他背后的故事，你会发现他也是从一个默默无闻的人慢慢积累过来才实现飞跃的。

当年读希拉里的自传，觉得她是第一夫人，多么高大上啊！卫斯理学院和耶鲁大学毕业，头顶光环。但在自传里她写到她刚进大学时都没有出过美国的东北部，去过最远的地方是尼亚加拉大瀑布，觉得在同学中很自卑。

连希拉里也感到过自卑？！我当时心想，要给自己更多信心，慢慢积累。

令我重新审视自己的是 Sheryl Sandberg（谢丽尔·桑德伯格）的 *Lean In*（《向前一步》）一书。这本书猛然点醒了我，一些过去以为只是我自己的问题，其实困扰着职场中千千万万的女性：比如开大会习惯坐边边角角，不会主动表达自己的想法；比如当有一个新的机会在我面前，也许有1%的可能性做不到，我就会退缩……

这一点也体现在职场外的生活中，女性在家庭里是妻子、是母亲，总是担心自己胖、有赘肉，或者是做饭不够好吃，孩子的学业没搞好，认为这些都是自己的错。而男性并不会，他们认为自己是最棒的爸爸。

在职场中，男性的自信也似乎是与生俱来的：他们从不认为自己不够优秀，总觉得自己是最棒的。而女性总是喜欢过度反省自己，总是畏首畏尾，觉得自己哪里做得不够完美。

对于女性来说，如果你不给自己设限，你就会拥有更多可能。

7. 一路走，自会有鲜花开放

从小到大，我都不算是一个"优秀"的人，读书的时候，我没有进过前十名；工作之后，我也没有其他人耀眼。当我好多同学在做总监的时候，我只是个经理；人家做 CEO、VP 的时候，我不过是总监。

但我并不自卑，因为这么多年我一直坚持做自己，不从众，不跟风，而是简单地去做自己喜欢的事。回过头来，惊觉自己已经走了那么远。

现在回想起来，我似乎每一步都走对了，但当时的选择只是追随自己内心最真实的想法。我只是坚信，一切都是最好的安排，而且一路走下去，自会有鲜花开放。▲

———陈婷
LinkedIn 企业市场及市场运营总监。曾就职于 Google、微软等公司。毕业于耶鲁大学商学院。

05

你真以为把工作重复一万遍就能变成大牛吗？

"要成为某个领域的专家，需要 10 000 小时"——这个一万小时定律大家应该都听过。但是在职场上，这却并不适用。单纯把工作重复一万遍并不能直接助你成为大牛。

虽然这些工作让你觉得单调无趣，甚至怀疑它们阻碍了你前进的道路，但如果能够尝试不同的方法，你完全可以让这些看似枯燥的重复也变得有趣起来，并且在此过程中你将会收获不可思议的成长。

我还是个大学生的时候，设想自己未来的工作一定不能是单调重复的：作为一个 21 世纪的创造型人才，这点要求想必一点都不过分吧！

后来当我走上工作岗位，面对一个个无穷无尽的 Word、Excel、PPT 愁眉不展，再环顾四周，听到同学、朋友们的抱怨，才发现这个世界上，怎么全是些不尽如人意的工作呢？！

一个"理想"的工作，大概是这样的：

每天都能接触很多新的信息和挑战，即便有难题也总能轻松应对；

个人才能与岗位要求正相匹配，又能在工作中充分锻炼；

有业界大牛亲临指导，但又能独当一面，有充分的自主权；

下属能完美地执行自己的想法，各种繁杂和操作性的工作由他们完成，自己只要运筹帷幄……

算了，回到现实吧！

我们几乎所有人都在做着重复性的工作，这里不是乌托邦。

即便当你"媳妇熬成婆"，多年以后成为业界一流专家，或者做到公司的中高层，许多重复性的工作同样不可避免。

管理学家明茨伯格分析说，高层管理者需要完成很多"仪式性"的工作，比如出席活动和典礼、签署文件、发表演说等，这些事情也会让他们不胜其烦。

当然有些工作看上去确实"更"枯燥一些。在知识越来越专门化、分工越来越精细的今天，我们所任职的岗位，绝大多数只是一连串复杂链条中的一个小环节。今天的白领所扮演的角色，与百年前生产流水线上的工人，并没有太大的区别。

那么重复劳动对于个人是不是全无意义呢？我们是不是只能唯唯诺诺接受、默默承受、苦苦忍受呢？

不不不，你完全可以让你的重复性工作嗨起来！只要你试着思考下面几个问题，它们也可能变得棒棒哒！

1. 我的工作是不是关联某一些特定的技能

重复性的操作是磨砺技能的必经之路。

对于画家来说，一幅画若没有成百上千笔的涂抹勾勒，他创造性的灵感便无法展露。

对于职业篮球运动员来说，若没有每天成百上千次投入篮筐的反复训练，就不可能在球场上叱咤风云。

广为人知的"一万小时定律"，强调有意识的对自己技能的反复打磨、操练，说的就是这样的道理。

更高的技能意味着：做同样一件或难或易的事情，你可以完成得更快、更少差错、更加精确。

所以，你不妨从一个"技能养成"的视角出发来看待这一切：你不仅是为了完成眼下任务而重复，更是为了磨砺技能而重复。

于是日复一日的工作就成了让自己更加强大的燃料，是有待实现的远大征途的一部分。

2. 在完成工作之后我是否能进行有价值的反思

看待同样一件事，你有你的想法，他有他的看法，对于同样一件事，昨天你这样想，今天就可能那样想了。

工作也是这样，即便你每天干的活一模一样，你的思考和感悟也可以不同。每天下班前，你不妨总结下一整天的得失，记录下所有的发现和收获。

反思的时候，可以把你做的事"画"下来。比如，就你的例行工作画出流程图，看有没有多余或者重复的步骤，如果有的话，可以试着把它们修剪掉。

时常反思会使相似的工作慢慢变得不同：你对这项工作的理解会逐渐加深，思考的角度会更加多元，更能找准关键和要点，也更善于做出平衡和取舍。于是有一天你突然发现，它不再是原来那样面目可憎了。

3. 能不能通过某些效率工具来优化自己的工作

想象一下被学业和同学折磨得没脾气的大雄，看到机器猫从口袋里又一次掏出神奇玩意的一瞬间，是多么欣喜若狂。

被重复工作折磨着的你，也许需要的正是一些神奇的玩意。

越是单调重复的工作，被效率工具优化的空间就越大。且不说今天手机和电脑上各种各样的效率软件层出不穷，光是 Office 和其他主流办公软件的深度功能，就是取之不尽的神奇宝箱。

只不过我发现，人先天具有一种与工具相抗拒的惰性。我们总是对自己的原始做事方式过于自信，而对能够颠覆旧有行为模式的新事物唯恐避之不及。但是，只要你能够越过这个小小的心理障碍，主动去探索和发现与自己工作有关的效率工具，就会发现别有洞天，像是来到了一个新世界。

你也不需要担心，使用新工具会让你在别人面前显得"工作量不饱和"。且不说个人效率的提升也是公司效率提升的一部分，你还可以主动和上司与同事们分享你的经验，帮大家鸟枪换炮。作为一名"工具小能手"，你在公司的存在感也会大大提升。

4. 是否可以为自己的工作引入一些随机性和新元素

如果你不能改变你的工作任务本身，那就改变你的工作环境吧：

比如你可以重新布置你的办公桌，放上新的玩偶、绘本和多肉植物；

你可以升级你的鼠标、键盘和耳机；

你可以把原本的书架打乱，然后重新排列；

甚至更换午餐的"饭友"，以结交更多的朋友……

哦，不要害怕同事们投来的异样目光。他们只是不习惯一个原本循规蹈矩的人突然变骚，哦不，变活泼了。但过不了多久，他们也许就会仿效起你来，因为人都寻求新鲜感，没有人喜欢一成不变。

除了工作环境之外，你也可以尝试为工作本身加入点新东西。"隐喻"是一个很好的方法，你可以把不同的工作任务分别命名为越野、跑酷、潜水、突击，你也可以把自己和同事比作船长、游侠、神医、巧匠。通过这种方式，你重新赋予眼下的工作以意义，并发现新的激情所在。

5. 我的工作目标是否过低，实现超越期望我还能做哪些

你的上司老是分配给你单调重复的工作，有可能是因为他低估了你的能力。问题是，你的才能要通过工作来表现，但是你的职责又限定了你表现的边界。

这个时候你就要思考：如何让你在现有工作上的表现超越你的上司、同事对你的期望。

也许你要站在公司和部门的立场，站在更高处去想，如何在现在这个并不核心的岗位上创造出更大的价值。你不要把自己看作一个完全被动的执行者，而应该看作一个介于被动和主动之间的角色——也要考虑到过于主动在组织中是不被允许的。

你要想，如果你不是一个简单的螺丝钉，而是一套能发挥独立功能的组件，你可以怎么做？你需要发挥更大的创造力（别担心，心理学家认为每个人天生就具有创造力），尝试更多的可能性，比如在没什么风险的前提下，提前一步去完成上司和同事想做而还没做的事情。

与此同时，表达也很关键。在别人开会打瞌睡的时候，你可以积极发言，只不过发言前你要确保自己已经做足了功课。

当领导看不到或者看不清你的想法时，自然不会交给你更为重要的工作，但是一旦他们更多地了解了你的想法，就可能对你的能力进行重新评估。

这里我推荐一本书——《为自己代言》，里面介绍了很多表达和说服的方法，也许对你有所帮助。

人与机器，或者说与一部庞大机器中的螺丝钉的区别是，人是具有"弹性"的。面对一份相同的工作，同一个人可以有完全不同的表现，其创造性和重复性的比重也会有很大差异。决定这种差异的，是你的目标、技能、方法和工具等种种因素。

即便是单调重复的工作，你也可以把它看成是提升工作技能的机会，看成是反思和收获的机会，看成是掌握先进工具的机会，看成是向新事物敞开大门的机会，看成是突破他人对你固有期望的机会。

当然，在一个较小的概率下，如果以上种种尝试均告失败，那么你确实可以思考一下是否应该换一份工作，也许，你真的应该去追求更精彩的职业生涯。

——采铜

LinkedIn 专栏作者，知乎 55 万关注，收获 55 万赞同，心理学博士，已出版
《精进：如何成为一个很厉害的人》。

06

温水煮青蛙，越舒服越危险

追求安稳是天性，因为人们往往惧怕风险。然而——"无限风光在险峰"。唯有登上险峰才能看到绝美风景，高风险也时常伴随着极佳的机会。

人们往往对风险并不看好，常常把它与股市亏钱或骑摩托车不戴头盔联系起来。

但风险并不是我们的敌人，而是生活不可或缺的一部分。事实上，主动了解风险是获取突破性机会的先决条件。

在你做人生决策时，如何评估风险？这里有几个原则要牢记。

1. 记住风险无往而不利

事实上，做任何事情都有风险，甚至于我们在公园慢跑也有，要知道，我们还生活在一个有核武器和地震的世界里呢！

而哪怕什么都不做，仍然会有风险。生病了却选择不去看医生，是无为的一种，同时也是风险的一种。尤其是在这个快速变化的世界，什么都不做的风险更大，因为我们需要适应不断的变化。

因此，所有人都是风险承担者，但并不是每个人都知道如何进行处理。很多人认为，应当将风险降到最低，找份稳定的工作。但讽刺的是，这在一个不断变化的世界里是最危险的事。

也有人认为承认负面结果存在的可能性是软弱的表现，"失败不是一个选项"，可能是句很好的台词，但在制订战略时，它并不是一个好的选择。

不规避风险、机智地承担风险，才会带来竞争优势。

"If you're not a little scared,

then you're not doing it right."

——Sarah Addison Allen, *The Peach Keeper*

如果你感到舒适，

那你可能没有在正确的做事。

——莎拉·艾迪生·艾伦《桃子守护者》

2. 职场上有风险才值得

在职场上，最大的风险是职业生涯的变动。我是否该去那家公司？他们的前景如何？我能否在新的职位上取得进步？

第一个原则是，有风险的选择才是值得的选择。Netflix（一家在线影片租赁提供商）的 CEO Reed Hastings（里德·哈斯廷斯）说，"如果你下一个抉择的风险没有让你心烦，那它肯定不是个好的选择"。选择职业和运营企业都是如此。

如果你的职业选择一点风险也没有，那这可能不是你要找的突破性机会。

真正的好机会总伴随着激烈的竞争。也是因为竞争，你才会发现别人错过的机会。当别人只看到红灯的时候，你看到的却是绿灯。

3. 你在改变，风险是动态的

风险会不断出现，这也是为什么每次选择职业除了A计划还应附有一个B计划，甚至Z计划的原因。

学习如何准确地评估风险水平并不容易，原因如下。首先，风险既受个人因素影响，又与情境差异相关。对于你来说风险很大的事对别人而言可能就不算什么。

对于有些人，在新的工作安排妥当之前就辞职不干是无法接受的风险；对于其他人，这可能不失为一个好的建议。有些人放弃现成的工资，自己开公司当老板；而这种没有稳定工资和福利的状况，某些人想都不敢想。

其次，风险是动态的。

你在变，竞争也在变，世界也在变。当下看来很具风险的事在一个月、一年，或五年之后，可能不再危险。

比如说，当你为了当上某个项目的主管，积极游说却惹怒了你的同事的时候，风险是什么？答案取决于一些不太明确的变化因素。再比如，加薪升职和获得一份新工作的风险并不相同。

没有一成不变的风险，只是程度大小的问题，而且这在很大程度上取决于当时的形势和个性。

评估风险，虽然很难，但也不是不可能的。

企业家每天都要进行风险评估。但他们没有使用类似于华尔街那种风险分析模型，而且你也不要用。没有任何数学公式可以测出新成立的公司可能面临结果的概率和范围，更不用说你的职业。

每一个机会的利弊都是无法量化的。时间会有限制，信息会有约束。此外，你的直觉会随着理性与偏见摇摆不定。所以这里有几个原则要牢记，以帮助你评估一个机会的风险大小，教你如何管理真实存在的风险。

大笑的人可能被当作傻瓜；

流泪可能被视为脆弱；

主动认识他人，可能会让自己尴尬；

去爱一个人，要冒被伤害的风险；

想进步，就要冒险；

人生最大的风险，就是拒绝一切冒险。

4. 适当低估风险，它不像你想象的那么严重

大多数人会高估风险。人类从本性上倾向于避免风险。我们本就如此，因为在祖先生活的年代，人们宁可错过食物（机会），也不愿忽视捕食者（威胁）。

神经心理学家里克·汉森说："大脑在大自然的进化中，经常会犯三种错误：高估威胁，低估机会，低估资源（用于处理威胁和把握机会的资源）。"结果，我们自动高估了所有情况下的风险。

服硬不服软——心理学家称这种心理为消极的偏见，而且每天都时有

出现。当不想与某人打交道时，严厉的警告要比温婉的建议更易让人记在心上。比起乐观地认为老板会有眼前一亮的感觉，你更倾向于担心老板会对自己不传统的提案做出怎样的反应。

高估威胁和避免损失对于在进化过程中将优秀基因传给后代可能不失为良好的措施，但那并不是最佳的生活方式。

要想拥有一幅波澜壮阔充满动力的生活图景，你必须努力克服这种消极的偏见。首先便是要提醒自己，负面结果可能并不像自己想得那么糟糕。

5. 最糟的情况发生时，你是否可以忍受

在对风险的大量研究中，很少有人分析商人如何在现实世界中做出真正的决定。但祖尔·夏皮拉教授在1991年却做了这样一项研究：他采访了美国和以色列的七百位高管，问他们如何评价不同情况下的风险。

不过，他的发现可能会让主流决策者失望。接受调查的高管并没有通过公式计算各种情景下的期望值，他们没有太过考虑个中利弊。

相反，大多数人只是弄清了一个是或否的问题：如果最坏的情况发生了，他们能否忍受那样的结果？

所以，面对机会，你首先要问的是，如果最坏的情况发生，我是否能承受？

如果在那种情况下，你的声誉严重受损，或者所有经济资产流失，抑或是失业，不要接受这种风险。如果最坏的情况是被炒鱿鱼，浪费了时间或金钱，或拥有一段不太愉快的经历，那么只要你还有一个坚实可靠的Z计划，而你仍然会在前进的路上，那就乐观地接受这种风险。

6. 半路做出改变，你要能采取 B 计划

管理咨询公司经常给分析师提供毕业后去商学院交换学习一两年的机会。这些分析师会签下一份为期四年的约定：学校两年，同一家公司两年。

提前规划好未来四年的生活要比做出一份职业选择更有风险，因为后者在你事情不顺或者偶遇其他美好机遇的时候，还可以给你提供 B 计划。

因此在评估风险的时候，你应当考虑，在意识到自己犯了错误之后能否比较容易地扭转之前的决定？你可否迅速采取 B 计划或 Z 计划？如果答案是否定的，那么风险较高，须谨慎行之。

举个例子：迈克尔·戴尔，从德克萨斯大学退学，开创了戴尔电脑。但当时他对自己的创业并不是百分之百的肯定，所以并没有孤注一掷：他没有选择永久辍学，而是申请正式休学，这样，如果创业失败了他还可以继续学业。

戴尔采取了审慎的风险策略，采取 B 计划的同时保留了可选择项，以备后需。

7. 不确定 ≠ 风险，别指望预知一切

职业发展的机会和风险总会有不确定性。不确定性本身就是风险的一部分。而且随着机会愈发引人注目，愈发复杂，不确定性往往也会愈高。

在所有情况下，你根本无法预知一切及其所有可能的利弊。一点信息都没掌握的时候，你不想改变职业。

可是，你也不想等到在掌握 100% 的信息之后才改变职业，因为这样

一来，你这一辈子就只剩等待了。

不确定性的确会让人感到不舒服，但不确定并不意味着风险。

8. 面对风险，考虑年龄和职业阶段

年龄和职业阶段影响你承担风险的水平。

通常，年龄越小，失败的不良后果越易处理。如果在二三十岁犯下错误，你会有足够的时间重新赚回失掉的钱和声誉。你有父母和家人可以依赖，那时不太可能有孩子或贷款。

正如财务顾问说的，比起债券，他们更建议年轻人投资股票，年轻时，积极接受职业风险尤为重要。这也是许多年轻人创办公司，周游世界，和选择其他"风险相对较高"的职业的原因：后果并不太严重。

随着年龄的增长，资产随之积累，你的风险承受能力也在变化。如果一些有意义的事情在五年后的风险要比现在高，那么最好现在就去承担这个风险。▲

———里德·霍夫曼

Reid Hoffman，LinkedIn 创始人兼执行董事长。他曾是 PayPal 的核心创办成员兼高级副总裁，后成为创投公司 Greylock 合伙人，活跃于硅谷天使投资圈，他帮助并投资过 80 多家创业公司，包括 Facebook、Zynga、GroupOn、Airbnb 等企业。

in | 第三章
Chapter 3

聪明人在职场
都用笨功夫

高效能人士都有自己的一些职场习惯和技巧，但大部分都是看似普通的笨功夫，比如上班提前几分钟，或是养成记手账的习惯，或是基本到如何坚持一个好习惯，这些一时难见成效的举措看起来并没有特别之处，却能在潜移默化中让你养成有别于他人的核心竞争力。聪明人的功夫都用在了平时不易察觉的地方。

01

如何将一个习惯坚持下来

　　职场上，为什么有的人总是能获得老板和同事的倾心？与其费尽心思地猜测老板到底想要什么样的员工，不如培养一些良好的工作习惯。职业习惯是"专业"的体现，它是一个人的知识和方法的体现。接受任务时，先要搞清楚做什么、完成标准是什么、完成期限在何时，并逐一确认清楚。完成任务后，及时反馈，做到有始有终。

　　习惯的培养不是一蹴而就的，坚持的过程更是难能可贵。不论生活还是职场，坚持习惯都是一场马拉松。

1. 把习惯当成生活的一部分

　　清晨五点，我看着身边的宝宝，在闹了几乎整整一夜以后，他终于进入到熟睡状态。我略略松了一口气，轻手轻脚地穿衣起床，简单洗漱以后，在桌上摆好字帖、铺好宣纸、饱蘸墨汁、凝神静气地落笔。

从去年四月份开始，我天天早晨保持这个习惯，严寒酷暑，几乎从不间断。

从前年十月份开始，我周一到周五的中午，坚持在跑步机上快走六公里。

从今年年初开始，我天天坚持用扇贝单词打卡软件背单词，尽管每天我设定的数量不是很多，但是没有一天落下。

有个朋友问我，你怎么能够做到坚持下来呢？在她看来，光是保持运动这一个习惯就够呛了，天天都在运动和不运动两个念头之间天人交战。

我告诉她，因为我的腰椎、颈椎都不好，必须运动才能缓解。

这当然是实话，但是还有一句话我没有告诉她，那句话是我在习惯开始初期的时候经常和自己说的。

那就是——你会忘记吃饭吗？如果你真的想坚持下去，就把它当成生活的一部分，像记得吃饭一样去记得就行了。

2. 真的想坚持，用行动证明

我每周三中午都会去找书法老师上书法课。从我上课到现在的半年多来，和我在同一个时间段上课的人换了好几拨了，来来去去走马灯一样。上一堂课是人不舒服要请一段时间的假，这一堂课是这个人婆婆生病了要请一段时间的假，下一堂课是那一个人说儿子有事要请一段时间的假……和我一起上课的总是见了一两面的新同学。

我记得有一次，一个和我一起上课的妈妈一边练字，一边不停地表示，练好字是她从小到大的梦想。

问题在于，这个满怀着梦想的妈妈上了一堂课以后就直接请假了。

我不是说她这样有什么问题，毕竟我们都是生活在现实中，有太多的事情肯定比练习毛笔字重要得多。可是梦想是要一点一点脚踏实地才能实现的，我刚开始在书法老师这里练字的时候，他就告诉我，练字本身是一件很枯燥的事情，没有恒心是坚持不下来的，希望你不要半途而废。

寒冬腊月的冬天清晨，我哆哆嗦嗦从被窝里爬出来，披着羽绒衣在桌前写字；照顾了闹腾的宝宝一整夜，凌晨五点神志还没完全清醒就爬起来，坐在桌前写字；前一夜还有点发低烧，第二天清晨稍微感觉好了一点，咬着牙爬起来坐在桌前写字。

我握着毛笔，在纸上一个字、一个字地写，看着窗外的天空从墨黑一点一点慢慢变亮，再辛苦，我也从未想过放弃。

我在跑步机上挥汗如雨地跑着，我从没有想过要放弃。

我不停地一本又一本地接着看书，努力地背单词，我从来没有想过要放弃。

我不说这是我的梦想，我只是从来没有想过要放弃。

3. 如何从生活中挤出时间

有很多朋友说，我也想坚持，可是我没有时间啊！

我老公陈同学也是这样的状态，他信心满满地要练习硬笔书法，要学英语，要坚持每周看一本书，但是最后都因为太忙而放弃了。

对于没有时间这个说法，我是深有体会的，这绝对不是一个借口，而是实实在在的情况！尤其是在有了宝宝以后，我的生活节奏瞬间被打乱了，因为宝宝不会按照你的想法走。有时候你希望他中午可以睡一会儿，你可以乘机喘一口气，做点事情，他却偏偏精力旺盛到让你咬牙切齿，直到把你累到半死，他还在那儿蹦跶。有时候你希望他一个人坐在那儿自己玩一会儿，他却会走过来要你陪他画画或者搭积木。即使家里人有时候实在吃不消，使出撒手锏，让他看一会儿动画片，他也会希望有人陪着。等到晚上他终于耗尽所有精力呼呼大睡的时候，我差不多也已经精疲力竭到只想倒头就睡了。

可是我不想就这样放弃所有的爱好啊！一想到十年以后的自己，除了胖了一点，脸上的胶原蛋白少了一点，皱纹多了许多，其余的生活没有丝毫改变，我就不禁打一个寒战！

不想变成那样的自己，只能尽全力去改变，哪怕是挤也要挤出时间啊！

不断地尝试调整生物钟，不断地摸索利用时间的规律，不断寻找在保证身体不被拖垮的情况下能够到达的极限。终于，经过一段时间磕磕绊绊的尝试以后，我慢慢摸索出一套适合自己的方法来。

第一，选择适合自己的时间段。

我身边很多朋友，在半夜甚至凌晨还精神头儿十足地发微信、刷朋友圈、用手机或者 iPad 看电视剧之类。陈同学的习惯是在晚上十点以后开始写报告做 PPT，这当然是因为他工作太忙的原因。但是这样的事我是绝对做不到的，不是不愿意，而是身体不允许。我的生物钟决定了我在晚上十点钟一定要安安静静地躺在床上，至于躺在床上是看书还是闭目养神梳理一下自己的思路，甚至是给宝宝讲一个故事都不重要。重点是，这样的状态可以让我在十一点前进入一个比较安静的准备睡眠的状态。当然,在上床的时候,我已经把手机调成飞行模式了,只保留一个看时间和闹钟的功能。因为我很清楚,如果十一点我还不睡觉的话,那十有八九我就会失眠一整夜了。失眠的人都知道,那滋味有多难受!

早睡的好处是,我起床时间也大幅度提前了。尽管我睡眠质量非常不好,但是因为睡得早,我可以在早晨五点甚至四点半就醒来,这样在上班前我有充足的时间做至少一件事情。而且在一整夜的睡眠之后,我的头脑会比较清醒,精神状态比晚上要好很多。

第二,尽量用整块的时间来做事。

很多人喜欢充分利用时间,比如一边看书一边刷手机之类的。但是我更喜欢用整块的时间来做事,比如我早上练习毛笔字的时候,我会关掉手机,避免一切干扰。晚上如果宝宝睡得早,我有时间可以看会儿书的时候,手机也是调到飞行模式的。即使我想到有什么东西想查,或者有人要联系,我也会选择记在心里,而不是立刻放下书本或者毛笔去查手机,虽然手机就在我手边。如果过了一会儿我忘记了这件事情,那就说明这件事情并不是非常重要。这样做的好处就是,我能够精神集中地办一件事情,效率能够大幅度提高。

第三,尽早完成每天的打卡任务,而不是拖到每天晚上。

在进行扇贝单词打卡的时候,我通常是在早上起床后,练完毛笔字以后进行的。基本上我不会把这件事情拖到中午以后,更不会拖到晚上。不知道大家的情况是怎么样的,我是属于那种有活儿要干就尽早完成的人,不然心里就好像吊着一个秤砣一样,做什么事情都不能尽兴,而且越是拖到晚上，遇到的阻碍就越大。也许你晚上有一个聚会，也许你晚上加班实在是太累了，也许你的宝宝缠着你要你讲故事而你分身乏术。相对，你预定完成任务的时间越早，你的时间宽度也就越大，完成的可能性就大大增加了。

第四，照顾好自己的身体。

身体是革命的本钱，这句话一点都没有错。如果说在年纪轻的时候我没有充分意识到这个问题，爬上 25 岁，尤其是 30 岁以后，我是真切地体会到这句话了。身体不好的话，工作无法保证高效，看书完全看不进去，整个人昏昏沉沉，连宝宝都没有办法照顾。所以无论在什么情况下，都一定要把自己的身体照顾好。只有身体健康、精力充沛，才能在尽可能短的时间里做尽可能多的事情。

第五，在一定时间段里，要懂得取舍。

有段时间我非常迷茫，因为在几乎同一段时间里发现了太多自己喜欢的东西，彩铅画、数独、魔方、思维导图、快速记忆、书法、写文、阅读、锻炼健身、烘焙、编织、轻黏土……好像每一样都非常有趣，每一样我都舍不得放弃。同时我还要上班，还要照顾宝宝，做好宝宝的教育和陪伴。那段时间我过得很不开心，很混乱。

幸好那段时间只持续了几个月，我有一天就忽然醒悟过来，在这么短的时间里，同时进行这么多事情，对我来说是根本不可能的。如果我硬是要这么做，最后的结果就是什么事情都做不好、做不精。我只能选取自己最迫切地要学习要提升的技能，将有限的时间花在一个地方，才有可能取得一点进步。在踏上一个台阶以后，看到更好的地方，望到更远的风景，才能知道自己到底要什么。

4. 一个习惯的养成，是一场马拉松长跑

我曾经听过一个说法，一个习惯的养成大约需要 21 天。我自己的感受是，21 天是绝对没有办法养成一个习惯的。身边的不少朋友都在坚持一个习惯几个月以后，因为某个原因放弃了。连我自己，都曾经在坚持跑步大半年以后，动摇过，停过一个月，幸好后来又继续了下来。

一个好习惯的养成，需要和自己的惰性做长期的抗争，是一场长久的马拉松长跑。

如果你真的下定决心了，从现在起，直接开跑！

你的目标不是遥远的终点，而是一路上越来越美好的风景！▲

——倾曼

倾是倾尽天下，曼是曼珠沙华，一直喜欢这种花，带着神秘和哀伤的美感。爱看书、爱写文、爱美食、爱音乐，爱一切与生活有关的美好事物，把生活中的感悟写成文字。

02

没试过这些说话技巧，就别说自己会聊天

工作场合是严肃而正式的，乱说话、满嘴跑火车的行为，简直是拿自己的职业生涯开玩笑。

我们都知道，职场上你说的每一句话，都一定会传出去。

但很多人却仍屡屡犯下说话的"七宗罪"：

1. 八卦：说不在场的人的坏话，说不定五分钟之后，刚才跟我们交谈的那个人也制造了关于我们的流言蜚语。

2. 评判他人：有些人一向爱指指点点。如果你发现自己在交谈时被别人评判，这个时候你很难再带着公正的心态听别人说话了。

3. 消极对话："这肯定不行的，这事怎么能做成呢？""今天真是太糟糕了。"——如此消极，很难交流。

4. 抱怨：抱怨是一种病，而且还会"传染"，向整个世界传递负能量。

5. 借口：事情搞砸了，就把责任推卸给除自己以外的任何一个人，

甚至连坏天气、不给力的投影仪都能成为借口。

6. 粉饰与夸大其词：再进一步，就是欺骗。

7. 独断：以主观视角混淆是非。试想一下有个人在你耳边狂轰滥炸，而且只认为自己是正确的这种感觉，这很难让我们能听进去他说的话。

用语言准确表达出想法，真的是一项大多数人都欠缺的能力。

我的聊天技巧来自在时尚杂志做了四年封面人物专访的经验，因为都是一线明星，所以说话慎之又慎，我把采访里的聊天之术总结一下，希望对你有用。

1. 面对"生人"和"熟人"，备好两套聊天系统

当这两种人都出现在一个饭桌上的时候，对熟人要略收敛，对生人要多问询，只有掌握了必要的基本素材，你才能判断这个人是一个严肃的人，还是一个不拘小节的人。拿捏尺度会更准确。

不能因为有熟人在场就表现得无所顾忌，最终往往是丢了朋友的面子，也丢了自己的面子。

2. 不做闭环回答，把话头丢回去

比如我不太爱看足球，饭局里如果有人问起，昨天看球了吗？如果回答一句，我不看球，这话题就死在这里了。还不如说成，我最近没怎么关注，昨天有啥比赛啊？

大部分人在提问的时候，都会选自己比较擅长的部分，把他问的

问题抛给他，对方很开心，你也乐得清闲。中间你只需要加一些，"是吗？""啊？""后来怎么样了？"这个话题估计就能聊很久。

不懂没关系，没有什么比跟一个不懂却表现得很有兴趣的人讲你擅长的事，更让人开心的了。

3. "抱歉我说话比较直接"，是最苍白无力的解释

任何时候都别期望你说了直接的话之后，用"抱歉我说话比较直接"就能把伤害降低到最小。

人们只会记得你的伤害。所以当你打算说重话让对方警醒，用停顿都会比这补救更管用。要说就别怕撕破脸，要觉得重就别说。

得了便宜还要卖乖，说了重话还希望对方立刻原谅你，这是不可能的。

4. 每个人都喜欢被夸奖，但是尽量别超过三句

称赞多了不是显得假，就是会显得生分。称赞要发自内心，但要讲究技巧。

有时候"你今天气色特别好"会比"你穿这件衣服真漂亮"要实用，因为搞不好你也不记得她是不是昨天穿了同样一件衣服。

对女生来说，直接过度的称赞会赢得一时的好感，长此以往便会落得油嘴滑舌的印象。

5. 如果不想回答，反问是最好的回答

总会有一些不长心眼儿甚至反射弧比较长的人来问一些让你尴尬或者

是你不方便回答的问题，这个时候你可以直接用原话题反问他，尝试转移一下注意力也是对对方的一种提醒。

如果对方就是想打破砂锅问到底，但你就是不想回答，也就不必再留面子。

6. 聊天的"浅谈资"，来自每天的碎片阅读

浅谈资很多时候来自你每天的碎片阅读。

这个特别适合那种同事关系，中午在一起吃饭，下午在茶水间遇到，偶尔闲聊几句打发尴尬。

比起聊同事的绯闻、领导的八卦，还不如每天花十分钟浏览一下当天的新闻、八卦消息，这些会成为最基本的谈资。

7. 培养一两个小爱好，让它成为你话题的一部分

八小时你属于工作，八小时之外你属于自己，如何丰富自己是能不能好好聊天的开始。阅读、音乐，这些东西有时候挑人群，并不是人人都能欣赏和有共鸣。做模型、收集标本更是特别冷门小众，估计也只有同好才能分享。但是美食、电影这些相关话题，大部分人都会涉猎并能发表自己的看法。

尝试选一两种比较大众的事去做，会很容易让你在人群里得到更多回馈的声音。想变成一个讲话有料的人，请先从丰富自己的生活开始。

8. 在话题的结尾把话题抛给下一个人

当你的发言太长时，请尝试在话题的结尾把话题抛给下一个人。

你难免会遇到一个你比较擅长的话题，或者你知道得比较多的话题，成为话题的中心也没什么不好，但是如果内心是一个比较偏内向害羞的人，总觉得话题说着说着就说完了，不知道怎么结个尾。那就尝试把话题抛给别人去结尾。

比如午餐时有人提起某个明星，而你刚好看到一个他最近的八卦，你兴高采烈地说完又不希望这个话题终结在自己这儿，不如后面加一句，不过你是怎么开始喜欢他的？或者是，他最近是不是还演了一个什么电视剧来着？你觉得怎么样啊？

9. 用对了是"幽默"，用不对还不如"沉默"

幽默这个东西是天生的，这不是背会了笑话或者段子就能表演的。所以如果你还是个新手，我建议你先在圈子里找一个你觉得幽默的对象，然后把他的段子和梗背下来，在另外一个别的聚会上小用一下练练手，如果有反响就是棒棒哒，如果没有反应就当尝试一下，也没什么不好。千万不要死记硬背硬上场，到时候伤了自尊是小事，留下阴影更麻烦。

10. 别怕冷场，这不是你要填的坑

我有段时间有这样的强迫症，很怕出现话题空当，感觉几个人面对面干坐着很尴尬，那就聊聊天，可总会在聊了一个阶段之后出现空场，这时候我总会觉得自己特别有义务去填补这个"空场"，结果越是想说，越是想把气氛炒热，就越尴尬。

但我现在已经能很淡定地拿起杯子假装喝水，让冷场停在那儿就好，

反正总会有人再开口说话的。

说话看似不起眼，却是生活中最需要重视的一门艺术。▲

———小川叔

LinkedIn 专栏作家，微信公众号：小川叔（ID：xiaochuanshu007）。只聊职场、不写故事的萌叔，骂过无数职场迷茫之人依旧被大家爱着，最近出版《努力，才配有未来》。

03

聪明人的职场，365 天都记在手账里

"手账"是个日语词，意思就是"笔记本"。

虽然我们已经进入了数字时代，但我们看到身边仍然有很多人习惯"记笔记"，将工作和生活的思路、进展都用笔尖记录下来。

科学使用手账，不仅能提高效率，还能让你的逻辑表达得更清晰。

日本有一个很有趣的现象，无论男女老少，都随身携带一本"手账"，随时随地就掏出来记点什么。在讲求品质生活、注重精致细节的日本人眼里，时间值得被珍惜，生命值得被记录。作为手账大国，日本一年要销售一亿册各种手账。

因此，手账可不是简单的备忘录，除了提醒外，更重要的是计划和安排每天的工作生活，记录真实的自己。

手账大都制作精美，带有日历和笔，可以夹些名片和纸片，不同的页面划分具有超强的整理功能，以满足不同类型的需要。

1. 电子时代，为何还要"笔尖思考"

在职场中，有了电子工作日志、各类云笔记 APP，越来越少的人会使用"原始"的纸笔方式进行严谨的日程记录与工作规划——除非他们被要求这么做，但也仅仅是一种应付性的流水账。

当然，便利贴或是随意扯下的一张锯齿状纸片并不严谨——它们不久就会进入垃圾堆。

比起计算机，人脑似乎不太擅长多线程操作，哪怕是虚拟多线程。而一本装订扎实的册子，却能起到一个缓存的作用，一天 24 小时，永不"断电"，在任何你需要的时候都能给你最直观的视觉反馈。

也许你会因为过度忙碌变得语无伦次，但在书写的过程中，你会渐渐分清主次、找回头绪。

笔记可谓是人的"第二大脑"。看一个人的笔记，就能了解他头脑中的想法。而你此刻的笔记，就预示了自己的未来。

2. 笔尖思考，整理思路"PDCA（管理循环）"

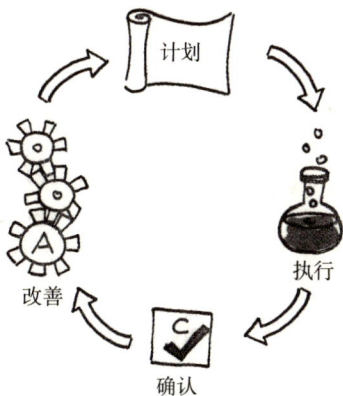

PDCA 是职场手账的根本逻辑。

PDCA 指的是在手账里写下计划（PLAN）的内容，就能明确得出实现计划所需要做的事（DO），在实行计划的过程中还要不断对进展进行确认（CHECK）和改善（ACTION）。

人的烦恼在于想太多而实现得太少，若是记录下来了则不会在"忙、茫、盲"的日子中度过每一天。

为了不让自己陷入无头苍蝇似的瞎忙生活，就在手账里写下自己的日程安排、任务清单和工作日志等，让手账来帮助你理清工作思路，更快捷地分清轻重缓急，以便按部就班的执行每一项工作。

手账的其他好处还包括：

① 节省时间，提升工作效率

有一个误区——做手账是一件非常浪费时间的事情。实际情况是，在很多状况下，做手账是一件非常省时间的事情。因为通过记录，你的闲暇时间得到了有效利用，工作的优先程度变得明确，效率得到提高。

② 备份留用

智能手机、平板电脑、各种私人助手 APP，如今，想要保存某个信息似乎已经成为一件轻而易举的事情。但是，这些信息你真的会回头看吗？为了不让自己迷失在信息的海洋中，不如就在手账上备份一下重要信息吧。

③ 记录美好

生活中有很多美好的事物，两个人的蜜月旅行、新生的婴儿、孩子的成长等都是非常宝贵的记忆。试着学习观察周围的世界，并且把它们记录下来。这些小小的观察会成为自我改变的开始。

3. 如何更好地使用手账

手账的用途颇多，选择适合自己的手账，第一步就是明确自己要利用手账来管理什么，时间、职场项目，还是学习、读书进度。

然后要确定的是自己比较顺手的本子的尺寸是多少（A5 / A6 / B5），装订方式是什么（活页 / 定本），最习惯的内页形式是什么（点状 / 横线 / 方格 / 空白）。知道了这些，就差不多可以选定了。

手账里不要只写待办行程，也要写下想做的事，如："我想要在 35 岁前进入管理层""我想要买一个 PRADA 的包包"。

手账里写着目标、告诫自己的警言、留下深刻印象的语句，可以振奋情绪、治愈心情，成为激励你完成目标的动力来源。

下面是一些记录手账的奇妙方法，每一种方法其实都是一种思维方式：

黄金三分割笔记法

所谓的黄金三分割，就是一页笔记只讨论一个标题，直接以三块分割。

先在笔记本的正上方写下大标题，这样将来就会很清楚这张纸的主题。然后再画出三分割线，你的黄金三分割就完成了。这三个部分分别是：事实、解释和行动。

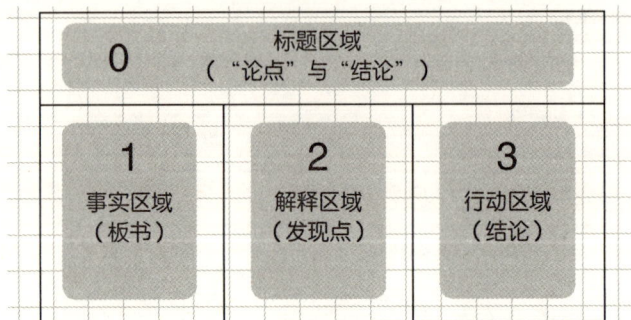

0 标题区域（"论点"与"结论"）		
1 事实区域（板书）	2 解释区域（发现点）	3 行动区域（结论）

比如，如果你最近也陷入了加班的怪圈，你就需要为"不加班"做一个手账：你应该从"目前的加班现状"开始分析事实，然后解释清楚"问题点"，最后写出"策略和行动"的部分。

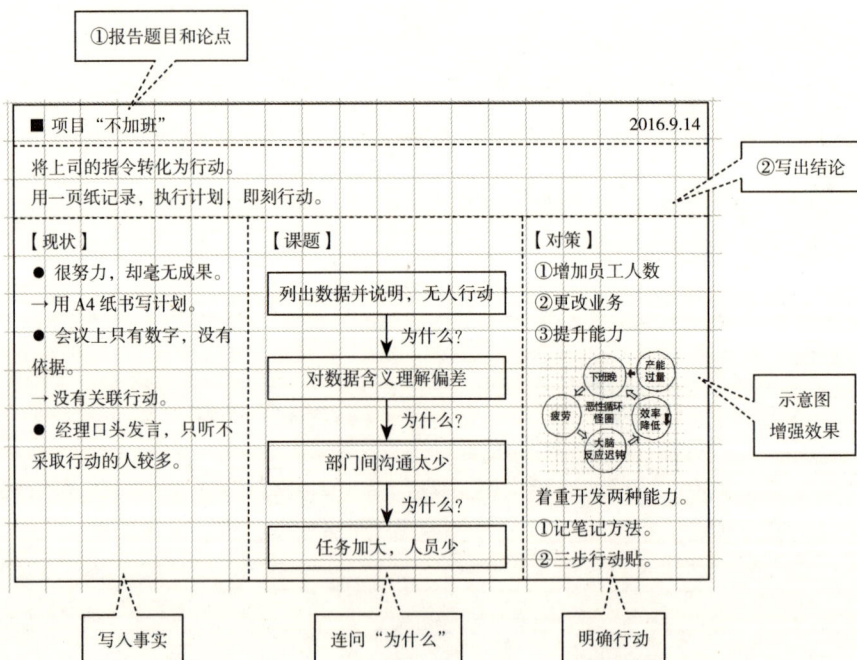

①报告题目和论点

■ 项目"不加班"　　　　　　　　　　　　　2016.9.14

将上司的指令转化为行动。
用一页纸记录，执行计划，即刻行动。

②写出结论

【现状】
● 很努力，却毫无成果。
→用A4纸书写计划。
● 会议上只有数字，没有依据。
→没有关联行动。
● 经理口头发言，只听不采取行动的人较多。

【课题】
列出数据并说明，无人行动
为什么？
对数据含义理解偏差
为什么？
部门间沟通太少
为什么？
任务加大，人员少

【对策】
①增加员工人数
②更改业务
③提升能力

产能过量／下班晚／恶性循环怪圈／疲劳／效率降低／大脑反应迟钝

示意图增强效果

着重开发两种能力。
①记笔记方法。
②三步行动贴。

写入事实　　　连问"为什么"　　　明确行动

康奈尔笔记法

这类笔记法适合在会议、课堂上使用。

康奈尔笔记本已经预先分好了"板书"区域（Note Taking Area）、左侧的"发现点"区域（Cue Column），以及最下面的"总结"区域（Summaries Area）三部分。

康奈尔笔记法

提示（Cues）

- 主要的想法
- 为了更好地结合要点所提出的问题

何时填写：

会议后回顾时

笔记（Notes）

- 在这里记录讲义的内容
  - 用简洁的文字
  - 使用简单的记号
  - 使用缩写
  - 写成列表
  - 要点和要点之间要留一定的空白

何时填写： 会议时

总结（Summary）

- 记住最重要的几点
- 写成可以快速检索的样式

何时填写： 会议总结时

三层空间笔记法

在设计产品、头脑风暴时，可以使用三层空间格式法。

所谓的"三层空间"，就是"构思"—"封存"—"行动"。

手账专家 Esor Huang（异尘行者）介绍，当他准备记录一个课程演讲心得、写下会议旁听速记，进行文章的构思、文案的草拟时，就会先在空白笔记上写出下面这样的三层结构：

行动笔记

构思笔记

封存笔记

在头脑风暴时，先记录的是"构思笔记"。

这一部分可以写出想法、列举大纲，把收集到的数据重点填入，或是把会议上、邮件里接收到的任务记录下来，就像平常习惯性地做流水账笔记一样。

但是，随着收集到的资料愈来愈多，有一些新的想法时。"封存笔记"就发挥作用了，一些暂时用不上的点子和意见就可以记在这里。

最后，如何把笔记转换成行动力。通过一直保留在最上层的"行动笔记"，我精炼出构思企划里需要执行的步骤，下一次一看到这则笔记后，立刻可以找到指引我如何进行下一步行动的方向。

三行笔记法

在不知道记录什么日记时，可以试一试三行笔记记录法，把日记浓缩成最简单，却又最重要的三行，回顾一天的"行动""成果""改善"，每一个关键词一行话。既能够掌握自己的行动与需要改善的地方，也能帮助我们在处事上有所成长。

【6月3日】

［行动］今天去B所竞标。

［成果］被一上来的A家打击了士气，完全无招架能力。

［改善］做好充分的准备，无论是功课还是PPT，并提前约领导参与。

三条线笔记法

在做项目规划时，则可以用到三条线笔记法。三条线笔记法其实是一种思考方式的培养。就好像所有的笔记法都是一种思维模式的体现，三条线笔记法体现的是一种经验积累的思维模式。

线划分出来的区域，分别进行不同功能的思考，而这个思考过程则是在一个又一个的"事实——结果——分析——提升"的循环中，通过经验的累积一步一步地往前走。

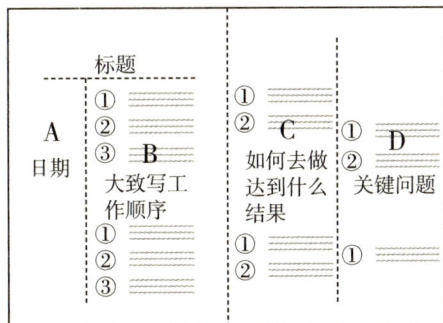

不过说到底，手账更多的是一种思维方式和自我管理的工具。有朝一日翻着过去写下来的东西可以把记忆唤醒，也让自己知道人的一生要如何

过才更加充实有趣。

当然，如果有更独特的方法来管理自己的生活那再好不过，毕竟适合自己的才是最好的。▲

——Mystica

喜欢探索一切好玩的事情，曾实习于网易、LinkedIn、《第一财经周刊》，目前贵州一年期支教中。

04

搞不定这三件事，你的职场就注定瞎忙

多思考，多总结。职业是一项终生的事业，要想取得进步，其实只需搞定三件事——来看看"硅谷人脉王"里德·霍夫曼是如何思考的吧！

以下为里德·霍夫曼在领英影响力第四辑《理想的重量：职场导师论道职场》活动现场的分享。

In an ever-changing world, managing your career is a LIFELONG PROCESS.

这个世界变化莫测，管理你的职业是一项终生事业。

职业是一项终生的事业，它就像一段旅程，其中会有很多变幻莫测的时刻。不管你是否创业，我们都应该拥有一种"企业家思维"。

这是我在斯坦福毕业时的照片，当年我原本打算成为一个大学教授，后来我意识到：做教授并不能真正地和现实世界去互动，不能理解世界是如何运转的。

那时我想，我应该花更多精力去了解这个世界，发挥我的创造力，推动自身的转型。然而，我用了 15 年的时间才认识到，我应该成为一名创业者。

成功的创业者和所有的职场人士，在职业生涯中需要搞明白三件事：

1. Competition　　竞争
2. Networks　　　人脉
3. Mentors　　　　良师

1. 如何获得"竞争力"，它将助你取得成功

世界上有很多人都和你一样挤在一条路上，都想达到终点，每个人都想得到那份理想的工作，为了赢得竞争，你需要发展自己的竞争优势。

The best career has you pursuing worthy ASPIRATIONS, using your ASSETS, while navigating the MARKET REALITIES.

最好的职业是能让你发挥所长，在现有的市场环境中游刃有余，实现个人抱负。

在"竞争力"方面，有三个值得我们认真思考的因素：

· 抱负（Aspirations）

资本与能力（Assets）

市场现状（Market Realities）

抱负就是你到底要成为什么样的人，你要走什么道路。于我而言，我的抱负就是让 LinkedIn 成为一个 100% 覆盖全球职场人士的平台，要让数十亿的人加入 LinkedIn，目前已经有超过 4.5 亿人加入 LinkedIn，我们还

要了解我们的服务是如何帮助用户每天的工作的。

但更重要的是你拥有怎样的资本，这并不指你的存款和信用卡的"财力"，而是你的软实力、你的技能水平。

市场现状则是要知道如何定位市场才能使自己成功。比如说我最早做软件的时候，当时我们的市场现状就是能让牛津大学的学生买。后来我投资Facebook，以及做LinkedIn，我都会对市场进行很好的了解。

2. 学会运用有效"人脉"，它将助你获得机会

在建立竞争优势之后，在现实世界中，你还必须学会主动建立自己的人脉网络。

我们都生活在一个人脉的世界，人脉对于你所找到的机会是关键的，你应该努力打造自己的人脉网络，使其成为自己的优势。

人脉关系至关重要，因为每项工作终究都是同人打交道，人可以把资源、机会、信息、技术融合在一起运作起来。

Relationships matter because every job boils down to interacting with PEOPLE.

人脉关系至关重要，因为每项工作终究都是同人打交道。

对于我来说，我觉得我人生的每一个重要转折点，比如从牛津大学到苹果，包括通过苹果的人脉关系找到第二份工作，再到找到VC（风险投资）的投资人，自己去创业，找到我的联合创始人等，都是我的人脉关系帮助我结识了其中的人。

你要打造机会、寻找机会、抓住机会，其实最关键的就是要抓住人。

机会不会像飘在天空中的云，它们最终还是落实在人的身上的。

而改变自己的最快方式就是与你想成为的人为伍，也就是说你和什么样的人相处，将决定你是否能成功改变自己。

我们现有的人脉圈也是你获得信息的最佳途径，比如说我认识了 Peter Thiel（彼得·蒂尔），通过他认识了更多斯坦福的人。通过他我成了 Paypal（一种国际贸易支付工具）的董事会成员。当时我既是投资人，也是企业管理者，又兼做技术。

The people you spend time with shape WHO YOU ARE and WHO YOU BECOME.

你身边的人决定了你是谁及你将成为谁。

事实上这个效果比你想象中的要好，每个人身后都有 500 个人。也就是说你接触的第一度联系人是 500 人，接下来的二度就是 250 000 人，三度的时候，你认识的就是 625 万个人。

可能你已经认识一个人，这个人也给你带来了机会。

3. 找到助你进步的导师，它将助你打造技能

第三个非常关键的因素，是要找到能为自己提供帮助、能一起进步的人生导师。

获得职场导师并不容易。想要获得别人的指导和帮助，不要直接去求他，而要主动申请帮他完成某些工作。

如果你直接跑去问人家："你愿意成为我的职业导师吗？"他们通常会觉得你很奇葩。

其实，你可以这样去沟通："我能够来帮您做一些工作吗？我可以给您看一些产品计划吗？"如果你认为他们足够优秀，甚至可以多花一些时间融入他们的圈子，加深相互间的了解。

哪些人可以成为你的良师呢？并不只是一个人，而是一个人脉网，每个人都可以给你传输一些不同的东西，提供很多的帮助，成为你一生当中的良师。

总结一下，你要不断地发展你的竞争优势，保证你拥有独特的技能，选择适合你的市场环境，同时尽可能大地建立你的人脉圈，接近你想要成为的人，让他们了解你的工作，寻找职场上的良师益友。

与哪些人成为朋友、建立联盟，将决定你拥有怎样的世界，并能帮助你进入或参与到一些非常有意思的公司或事业中去。

The fastest way to change yourself is to hang out with people who are ALREADY THE WAY YOU WANT TO BE.

改变自己的最快方式就是与你想成为的人为伍。

——里德·霍夫曼

Reid Hoffman，LinkedIn 创始人兼执行董事长。他曾是 PayPal 的核心创办成员兼高级副总裁，后成为创投公司 Greylock 合伙人，活跃于硅谷天使投资圈，他帮助并投资过 80 多家创业公司，包括 Facebook、Zynga、GroupOn、Airbnb 等企业。

05

踩着点上班的人比每天提前 5 分钟的差多少

曾经听一个同事说她起床的时间一定不能晚于 8：27，哪怕只晚上一分钟也肯定会迟到。

她曾经试过 8：26，8：20，更早起床，也试过 8：28，最后发现最晚 8：27 起床能在时钟指向 9：30 前半分钟抵达办公室。

Safe！气喘吁吁地坐在椅子上，她想今天又成功地没迟到。

但她的早上不可谓不惊心动魄犹如过关斩将：提着裤子冲向厕所的时候，幸好同租室友没占着卫生间；砰地关上门冲下楼的时候，幸好没把手机忘在家里；405 路公交车来得刚刚好，幸好没比预期的时间晚来两分钟；路上堵得不是太厉害，幸好没遇到全是红灯；在公司楼下买早餐的时候，幸好队伍排得不是特别长。

只要任何一个环节出了点错她就有可能迟到，于是一路上都提心吊胆紧张得像打仗，公交车在一个红绿灯路口多停了 10 秒钟都觉得有 1 分钟那么长，看到有人买煎饼果子掏钱慢了都恨不得跟人干一架。

而她换来的，不过是在床上多赖了 5 分钟。

办公室里的一个偶像级选手，自打我进公司起听到的就是关于他的江湖传说。"我今天比平时早到了半小时，发现竟然还是没他早。"一个女同事在和我介绍他时不无委屈地说。

"要成为第一个进办公室的人，除非他休年假。"另一个人这么抱怨。

同事们提到他的时候有几个关键词：勤奋、好学、有能力，而被提及频率最高的词是：来得早。因为这个，他简直成了部门一张拿得出手的名片，同事对他的"抱怨"里也好像带着点炫耀的成分，以至于他成了我最早记住的人之一。

后来我听说，他起床的时间是 7：37。

这世上有两种人，一种是每天按时起床，边做早餐边听广播，慢悠悠刷个朋友圈然后踩着轻快的步伐去上班，到了单位还能给办公桌上的盆栽浇浇水。当他喝着咖啡看着邮件，其他的同事这才陆陆续续地走进办公室。

另一种是在床上赖到最后一刻，踩着点甚至迟到一两分钟冲进办公室，等他去上了个厕所、倒了杯咖啡再吃了个三明治，真正开始工作已经是 20 分钟以后了。他并不是不够勤奋，也不是不够热爱工作，因为下班后他常常还要在办公室加上一两个小时的班。

这么做原因只有一个：于他而言，晚走比早来容易太多了。

很不幸，比起早上提前 5 分钟到办公室的人，他已经输了。

1. 工作时间长不如上班来得早，早起的鸟儿更受老板偏爱

随着谷歌、微软等公司引入弹性工作制，工作时间自主可控已经是一份高逼格工作的必备条件。

不过，这种看起来十分人性化的制度背后却自带陷阱。

你以为实行了所谓弹性工作制，只要完成了规定的工作任务或固定的工作时长，就可以早上睡个大懒觉了？

其实不然，2014 年 5 月，由华盛顿大学教授 Christopher Barnes（克里斯托弗·巴恩斯）带领进行的一项研究发现，上班早的人更容易获得老板的好评。这项研究成果发表在《应用心理学杂志》（*Journal of Applied Psychology*）上。

研究小组首先就本杰明·富兰克林的名言 "Early to bed and early to rise, makes a man healthy, wealthy, and wise"（早睡早起使人健康、富裕又聪明）和中文里的谚语 "一日之计在于晨" 等进行问卷调查，发现这样的观念普遍存在于受访者意识中。

换句话说，大多数人在潜意识里是将早起和成功、勤奋、责任心联系在一起的。反之，参与者较少将 "夜晚" "熬夜" 和勤奋、责任心联系起来。

接着，研究人员在分析了 149 组管理人员 – 雇员关系后发现，习惯早早开始工作的员工被认为更加认真，并因此容易获得更高的评价。

Christopher Barnes 教授带领的研究小组随后还设计了一个实验来验证这一研究成果——他们请来 141 名实验人员担任 "主管"，通过简历分别对两组 "员工" 的表现做出评价。

　　参与实验的"员工"被分为两组，A 组的工作时间为早上 7 点到下午 3 点，B 组工作时间为上午 11 点到晚上 7 点。

　　尽管两组"员工"的简历并没有太大的差别，但几乎所有人都对 A 组的员工打出了更高的分数。

　　这个实验得出的结论是，弹性工作制实际上并不弹性，你选择何时开始工作很大程度上将影响老板对你的评价。

　　这实际上并不难理解，假如老板规定你可以在 9 点到 11 点之间来上班，比起 10 点进办公室的人，10：40 才进办公室的人在老板那里的印象分很容易打折扣。

　　非弹性工作制更是如此。总是踩着点到甚至晚到个一分两分的人，虽然老板嘴上没说，但在心里已经把你划到了不够认真的阵营。你可能被贴上的标签有……

　　懒惰，没办法按时起床；

　　缺乏自律性，没办法做好时间管理；

　　不够认真，对待工作没有足够的重视；

　　缺乏上进心，得过且过；

　　…………

　　反之，早到的人容易给人留下这样的印象：勤奋、自律、认真、上进……

　　所以如果你想被老板注意到，又苦于一时没有其他办法，早点开始工作是个不错的选择。

2. 有一种苟且叫疲于奔命，短短 5 分钟给你一天的优雅

如果按成年人一天 7 小时的睡眠来算，5 分钟只是其中的 1/84。少睡 5 分钟和多睡 5 分钟，实际上没有太大差别。

但这 5 分钟，放到其他地方却是大大的不同：约会早到 5 分钟，让对方感觉自己被精心呵护；见客户早到 5 分钟，让对方感觉自己被重视；面试时早到 5 分钟，HR 对你的印象会大有改观；上班早到 5 分钟，换来的是一整天的从容不迫。

每天的地铁，最挤的往往是八点一刻后的那几列。挤得你前胸贴着别人的后背，脚不着地就被抬着上了车。

办公楼里的电梯也是 9：30 前的几分钟最挤，人人都在翘首以盼，恨不得把电梯变成哆啦 A 梦的传送门，万一没赶上这一趟就只有迟到的份儿。

等到好不容易进了办公室，老板已经在叫开会了，你电脑还没打开；明明还想上个厕所，但是时间显然是来不及了；满头大汗冲进会议室，同事们齐刷刷转过头来向你行注目礼……

生活的确是眼前的苟且，有一种苟且叫作疲于奔命。

很多人一定有过这样的经历：百度地图告诉你赶到某地需要半小时车程，你卡着点提前半小时出了门，因为一点小状况，最后总是要迟到个几分钟。

假设你比预计的提前 5 分钟出了门，不仅赶上了早一班的公交车，而且路上还没那么堵，一路绿灯，最后竟然比约定的时间早到了 10 分钟。

短短 5 分钟，换来的是一路的从容和优雅，简直是太太太赚了。

同样一件事情，肯多投入几分钟时间成本的人，运气总不会太差。总

而言之，提前 5 分钟让你的一切都会不同：

让你的自我感觉更加良好；

让一切尽在掌握之中；

让对方（领导、同事、客户、约会对象）对你的印象大为改观；

…………

3. 5 分钟能做什么事？ 5 分钟能做很多事

被评为巴西 100 位最具影响力的人物之一的 Bel Pesce（贝拉·佩谢），毕业于马萨诸塞大学，曾供职于谷歌、微软等 IT 巨头，玩转金融界（Deutsche Bank）和创业公司（Ooyala and Lemon Wallet），如今是令人瞩目的成功企业家，还著有好几本书，销量极好。

在其 TED 演讲《5 个摧毁梦想的方法》中，她讲道，自己错过面试，错过考试，毫无准备却在截止日期前仅两周的时间内搞定麻省理工的 offer。她用亲身经历为我们证明：运气就是日积月累的实力爆发的时刻。

《5个摧毁梦想的方法》网易公开课视频链接

在这里，让我们问问自己：5 分钟能做什么事情？

一首歌大约 4 分钟，5 分钟听不完两首；一般人的阅读速度平均为每分钟 300~500 字，一篇特稿 4 000 字左右，5 分钟只能读一半；一部 TED 视频 15 分钟，5 分钟只能听三分之一。

但正式开始工作前的 5 分钟，可以做完很多事，并且直接决定了你一天的工作效率。

如果坚持一年甚至更久，你会发现，无论工作效率还是你在同事、领

导那里的口碑都得到了"积累",只待爆发。

具体来说你可以:

① 开机,同时清理办公区域:50 秒

将文件、文具分别放好,大概只需花去你 50 秒时间,却能为你换来一整天的好心情。

② 手机静音:10 秒

将手机调成静音,这样就不会打扰到其他同事办公。这个动作只需要 10 秒钟。

③ 登录邮箱,查看邮件(不用回复):2 分钟

登录并查看邮件,知道有哪些需要回复,哪些需要处理,哪些只是知悉就够了。

这个动作需要 2 分钟,它能让你在开会前知道老板昨天夜里有没有给你发邮件,避免开会时一头雾水,同时对这一天大概的工作任务了然于心。

④ 管理当天的待办事项:2 分钟

使用奇妙清单(Wunderlist)查看、添加和完善当天待办事项,并确定轻重缓急,这个动作需要 2 分钟。接下来,你就可以从最紧急的工作开始,进入一天高效的工作了。

而这时候,你的懒同事才刚冲到打卡机跟前。▲

———瞳瞳

带领 LinkedIn 微信订阅号团队 2 年时间,收获 140 万关注;200 万 + 阅读爆款文章制造者;带领 LinkedIn 成为职场类公众号 TOP1,企业类公众号 TOP1,头条文章平均阅读量超过 10 万,为职场人士指点迷津。

第四章

Chapter 4

职场谁人
不委屈

职场里，尤其是新人，没有哪个没有受过委屈，但职场又是交换自身价值的竞技场，照顾和同情只是一时的，长久来看，你需要自己坚强，并学会在其中立足的本领。学会融入，学会拒绝，学会坚忍，学会突破自我。毕竟，工作不只有眼前的苟且，还有长远的凑合，或者远方。

01
找到感兴趣的工作前，请先别饿死

你有没有困惑过，不知道自己现在做的事情意义何在，不知道该怎样找到自己的长处、做真正感兴趣的工作？

有人问我，不知道自己的长处该怎么办？

我想那就抽时间说说我是如何寻找到自己的长处的吧。

这个过程我用了七年。

1. 爱好那么多没一个能找到工作

大学期间最喜欢的是画画、听广播以及写字，所有这些都还算是让自己开心、娱乐、丰富的爱好，都在毕业之后土崩瓦解，差一点就灰飞烟灭。

我大学学的是服装设计专业，但我其实并不爱自己的专业。

我不知道现在有多少人和我当初一样，读的专业其实自己并不那么喜欢，也可能是因为我觉得自己有很多的爱好，所以就没有好好钻研本专业。

毕业的第一年，我为了对得起自己四年所学，真的找了服装设计工作，但是在经历了枯燥的设计、重复的流程和抄袭严重的市场打击之后，决定彻底放弃自己的所学。

那个时候我把转行这件事看得太简单了。

我总以为我有这么多爱好，总能找到一个适合我自己长处的工作。

可谁知，这一寻找就是七年。

七年里我从原来的设计师变成了杂志编辑、图书策划、广告人、公关公司执行，其间为了生计还兼职做过电视栏目编导、小说连载作者、配音演员、话剧演员、电视剧编剧、插图师。

那时候为了努力赚钱，为了付房租，为了还外债，为了让自己可以过得更好一些，我在不断接各种兼职的过程里拓宽了自己的爱好。

我就好像一枚小陀螺一样，不停地旋转，不停地奔跑，不敢在一个地方停留太久，每次都很害怕被行业、被工作所抛弃。

我不断对自己催眠说：技多不压身，只要有机会你为什么不去试试？只要有人肯给你机会，你为什么不去挑战自己看看？你不去做，你怎么就知道你不行呢？

我的自信坍塌来自毕业四年后的一次大学同学聚会，那是毕业很久以来的唯一一次我参加过的聚会，至今想起来我都觉得深恶痛绝。

那次聚会的理由是我最好的朋友结婚，她好心地专门把早年同一届的朋友放到了一桌，于是那一晚上我都如坐针毡，昔日同学见面不可避免地会问起，现在干得怎么样？一个月开多少钱？买房了吗？诸如此类。

当时那一堆人里有毕业之后转行做了室内设计的，薪水过万；

有结婚后在北京买房的，即便是家里借钱出的首付也算是有个可以安身的家了；

有职业发展不错步步升迁的；

有未来明确打算自己开公司的……

和他们比起来，我似乎还是大学时代那个看什么都感兴趣，带着一双好奇的眼睛看世界的毛头小子，拿着每个月三千出头的工资，做傻小子闯世界的美梦。

不论是从财力收入还是未来规划，抑或是人生目标，他们都给我做了一个最好的表率，那一晚上我觉得自己又羞愧又自卑。

因为我第一次意识到，这几年其实我都一直在忙碌，却不知道为什么忙，我也没有什么职业规划，就是有一份工作打工饿不死就可以。

我有大量的兼职机会，但是不论是合作时间还是最后的收入都极其不稳定，我一直以为我要活得不像他们那么落入俗套，最后才发现其实最可笑的是自己。

人人都说你有才情，合作过的人都说你态度不错、合作愉快，但是你怎么知道那不是因为你是新人，因为你价格便宜呢？

我以为自己摊开了可以吸收更多的知识，却发现自己的耐心太少，每一项其实都是浅尝辄止，看似名头繁多，却在哪个领域都不过是一个新手而已。

我第一次困于自己的爱好而找不到方向。

2. 拿得起更要放得下

接下来的两年我逐渐淡化了自己兼职的范围，放弃了电视领域、放弃了剧社、放弃了写小说，兼职逐渐集中在了人物专访上，在娱乐圈试水了一把之后就跨入了广告公司，之后辗转来到了现在的企业。

31岁，还没有找到人生的目标，不知道未来自己适合走哪条路。

全身上下所谓的长处，逐渐从杂乱无章，渐渐变得只剩下可以写点东西，有过几个行业的经验而已。

之后我开始思索，我自己想突出的是什么？

一个人可以爱好广泛，但是肯定不可能百花齐放，我不是天才也不是神童，肯定做不到又会写字又会画画，又能演戏又能拍电视，我就是一个特别笨的俗人。

老天给了我很好的机会让我接触那么多的领域和行业，其实就是希望安抚我这颗躁动的心，让我自己告诉自己，其实那些不适合你。

我还是希望可以做一个能够有专注力，有一项专长的人，可能我前面浪费的时间太多，导致我已经没有机会可以做一个专才。

那么就努力在自己看似全面的这些爱好里面寻找一个适合的强项，并且集中力量打造它！

我第一个下手的是文字。

我觉得它是我目前可以把握和提高的东西，我把过去书架上的小说、散文、安妮宝贝、张爱玲统统丢掉了，开始买杂志、人物传记，关注成长类图书、心理学图书、城市图书，等等。

我打破了原有的阅读范畴，开始涉猎大部分以前我看不上眼的东西，每个月读15本杂志、4本书，看到不错的题目、稿件、策划就标注出来。

我之前从来没有记笔记的习惯，但是开始学着去写总结、归纳一本书里自己觉得最大的看点，一个好的杂志选题策划里自己觉得最成功的地方。开始有计划有目的地提升自己的采访水平，然后从三流小报写到二线杂志，最后进了一线杂志。

每次做人物专访需要看 10 个小时的视频采访资料，7 万字左右的文字资料，全面了解和解析这个人物之后，再逐渐列出主线与关键词，绕开之前提及最多的问题，有重心和侧重点地圈出本次采访的几个重点。

很多事情其实都不难，最怕的是你不用心。

当你用心深入去做的时候，你会发现你可以悟出很多的门道，比如采访的时候应该如何切入，如何采用迂回战术，如何让对方放松警惕，如何平层对话，如何武装自己建立防御。

这些都在一次次的试验中得到了提升。

除此之外，我做了一个自我梳理，给自己列出了当下面临的最应该解决的问题。

坦白说，进入这家企业的前三年我面临的问题都不是所谓的"职业定位"，也不是玄乎其玄的"职场规划"，你规划有用吗？

你希望三年做到总经理，你的能力、水平、机会都是可预料的吗？三年前如果你跟我提定位和规划这俩词，我会把刚刚那句话甩在你脸上。

那时候我面临最多的是如何适应变化去生存。

三年里我换了三任领导，不同的领导都有各自的做事风格和定位。

每一任领导的离开或者调任都意味着你要立刻转换自己的频道，重新做梳理和观察。

我也曾经差点被当作炮灰开除，我也曾经疲于奔命和应付。

"活下来"是我当时要面临的最大的考验，快速的适应能力是这三年以来的变化给予我的最好的教导。我当时梳理完自己面临的困难和局面之后，"强调执行力"是我当时唯一可以做出的选择。

我要做一个有冲劲、有热情、办事靠谱的人！这个信条是我在第一次遭遇领导变革时就定下的！因为人人都需要这样的员工！

好的心态、不推诿的态度、良好的办事效率，这些事情其实需要的是强大的情绪控制能力和更大的内心空间，为此我参加了一系列关于自我提升的培训。

或许很多人觉得那是类似打鸡血喊口号的无用功，但是我自己却在其中有了非常深刻的体会，因为那是那个时间段我所急需的。

所以后来遇到新的任务，我总爱说，这事儿太好玩了，我早就想接触看看！

遇到新的变化，我总爱说，这是好事儿，有变化才会催生动力！

遇到困难我喜欢对自己说，没事！别急，总会有解决的办法！

3. 用七年去寻找，花三年来改变提高

心态的转变带来的是精神面貌的转变，我使用了一些小技巧提醒自己保持工作状态，不但要保持，而且要饱满。

我的小技巧就是领带。

公司虽然要求上班时间穿正装，但是并不要求打领带。

我每次都会打上领带，在面对镜子打领带的过程里，我会不断提示自己微笑，注意沟通细节，我要提醒自己专业，克制情绪化的弱点。

领带、皮鞋、腕表成了我自我约束的三个象征，这三个物件的存在不在于装饰而在于提醒我自己，注意效率、注意态度、注意专业。

三年，我始终都以这种状态去面对，去不断经营自己的长处。

我一直觉得每个人身上都有一个标签，这个标签其实就是你留在别人心目中的印象，这个标签综合了你的一言一行，综合了你的外表、气质、穿着、谈吐，以及你全身上下的每一个细节。

踏实、靠谱、执行力强，这是我给自己树立的标签，敢于挑战、敢于应战，这是我正在努力去达成的标签。

因为你要做到这些，所以你才能有勇气和力量去学习、充电，补足短板。

PEOPLE control resources, opportunities, and information.

人控制着资源，机会和信息。

每次遇到新的任务，我要逼迫自己说，好的！我试试看！

之后带着积极的心态去面对困难，你一定会找到解决办法。

我记得自己进公司才满一年的时候遇到的第一个临时的新任务就是主持年会，很害怕面对舞台面对人群的我，其实内心里非常忐忑。

这份紧张最终自行消解，因为临上台前我出现了突发性过敏，无法再上台主持。之前我做话剧表演只是满足自己的好奇心，但那时候自己觉得，当个跑龙套的就已经无比紧张了，忽然变成舞台上的主角，这转变是无法调试的。

为了克服自己登台前的紧张，我托朋友关系找到了婚庆司仪的兼职，通过十几次的婚礼主持，来克服自己上台的紧张感，第二年的年会主持说不上得心应手，但是对于自己来说，至少那份害怕与畏惧已经减少了一半。

很多认识我多年的老朋友都会很诧异于我这几年的改变，我有时候也在想，自己是不是真的变得太多了？

我放弃了画画、放弃了很多爱好，我开始变得理性、有逻辑、懂克制，这些和早年那个天真烂漫、随心所欲的自己真的有点大相径庭，但是这不就是我自己想要的改变吗？

世间没有舍，哪有得？你不放弃一些，又怎能得到一些？

或许自然生长是最缓慢最舒服的方式，可是当你一旦懂得和领悟的时候，你必须要不断逼迫自己去改变、接纳和成长。

我用了七年的时间去寻找和放逐，用了三年的时间来提取、修正和改变，或许到现在我也不敢说自己有什么过人之处，但是至少我逐渐找到了自己的定位和为之努力的方向。

这就是我人生里关于寻找标签的过程，或许我花费了太多的时间在之前，但是我并不后悔。

虽然那七年寻找的过程里，我也并没有快乐自由，但是至少它让我最后安心得到，我想如果没有当年的各种尝试，或许也不会有现在的我。

无论什么都是经历，你也会有属于你的经历。▲

——小川叔

LinkedIn 专栏作家，微信公众号：小川叔（ID：xiaochuanshu007）。只聊职场、不写故事的萌叔，骂过无数职场迷茫之人依旧被大家爱着，最近出版《努力，才配有未来》。

02

职场上，有一种挨骂叫成长

《纽约时报》曾经发了一篇报道 "Inside Amazon: Wrestling Big Ideas in a Bruising Workplace"（《亚马逊内幕：残酷工作环境中的比拼》），披露美国亚马逊内部的高压工作环境，引起了广泛讨论。

一位接受采访的亚马逊前员工说："走出会议室，你会看到一个成年人掩面而泣。几乎每一个我共事过的人，我都曾看到过他们桌上的泪痕。"

我不知道有多少跟着指责的群众，或者急吼吼跳出来维护的员工、前员工，是真的把那篇巨长的文章一直拉着看到底的。

因为如果拉到底，就会发现，所有的只言片语，所有的小生活，所有的小困扰都汇聚成一个信息，这里不友好，不请客吃饭。

之所以成为这样的地方，是因为这样的人们造就了它。如果你不是这样的人，就不要来了。

或许你曾经以为自己是一个严厉、高效、充满野心、最讨厌请客吃饭的人，然后兴冲冲地加入了 Amazon，结果吃不消，那只能说明你过去对自己的判断失误，你其实并没有那么强硬，其实你真正喜欢的，正是每个人都说着场面话，每个人都举着杯不知道在庆祝什么，最后也不知道是谁把账付了的请客吃饭。

在我从 Amazon 离职快两年的一个早晨，收到了一封前同事从 Amazon 内部转出来的信，带着层层叠叠的回复和转发，标题是：

WORK HARD, HAVE FUN, MAKE HISTORY

这句话是亚麻（亚马逊）的鸡血口号，新人入职第一天通常就会有好心人来给你普及公司的第一个内部梗——"忘记 WORK HARD 后面的内容吧，那是我司给我们开的一个玩笑，哈哈哈"。

很多人的签名档也会加这句话，然后把 HAVE FUN 加粗加亮。这样每每在午夜时分回复邮件，这个闪闪的签名就像夜空中最亮的星，自带一种魔性的黑色幽默，好像在无声地诉说，你傻 × 啊我傻 ×，这一切是多么傻 ×。

信的内容也非常简明扼要：

今天是我在 Amazon 的最后一天，我是昨天才决定今天是我的最后一天的。原因是，昨天坐我左边的，最近老不来的哥们儿跟我说，他得了白血病。

他还跟我说，离开这里，去过你的生活吧。他说当一切即将逼近终点的时刻，你就会发现，我们现在工作中所做的一切，都根本不会出现在你的生命闪回中，离开这里吧。

然后亚麻人各种回复各种感慨，纷纷一副梦里不知身是客状，说很受启发，祝这位辞职的同事顺利找到真正的生活，祝白血病同事过上幸福的濒死生活因为实在不知道祝什么好，种种。

我问这个转发邮件给我的前同事，你觉得这封信会改变什么？

他说，毛都改变不了。

第二天，照旧工作 16 小时，照旧往死里喷不给力的同事，照旧顶着闪闪的 HAVE FUN 签名发出午夜凶铃一般的邮件：

I just want to follow up the status of...@ 3 am.

因为他们就是这样一群人，这个地方就是这样一群人聚到了一起随便取了个名字叫 Amazon。你不要因为他们抱怨、他们自嘲，就觉得是不是他们不喜欢这个地方，他们喜欢这个地方喜欢得要死，他们喜欢被需要、被分派、被催促、被迫进步，喜欢得要死。

我们每一个人，都或多或少有这样隐秘的需求，只不过 Amazon 把它们放到了明面上罢了。

1. 是，被骂成狗了，被骂成狗以后呢？

国人经常聚在一起感慨，美国是个很不真诚的国家，宽容到了几乎伪善的程度，再大的 loser（笨蛋）都会被这个社会巨大的善意轻轻地托在手心，不让你摔在现实的水泥上。

总之一句话，在美国工作你很少会受到直接的训斥，但会被背后议论、会被穿小鞋、会被孤立，这些都是常态，但是当面骂你很烂，会上直接踢你下马，歪果臣妾们实在做不到啊。

Well，在 Amazon 你不用担心。

如果你有很长一段时间都没有被人训斥，而且你也自知明明没有很牛的时候，那多半是时候换组了。

说明你在的这个组都是比你弱的人，已经没有什么好留恋的了。比你强的人，是不可能眼睁睁看着平庸的你做水平很次的事而忍住不骂你的，微臣实在做不到。

2. 第一次被骂，是被新来的顶头上司

我第一次被骂，是被新来的顶头上司。

他让我做一个灵活性大的工具，好让他把握怎么排兵布将。我吭哧吭哧做出来，得意扬扬地捧着工具欲表功。

刚开始 demo（演示），上司说，你凭什么觉得我会对你这些鸡毛蒜皮的细节感兴趣？

咦？你不关心这是怎么实现的吗？

我让你做个工具，是为了帮助我快速做决策的，中间这些乱七八糟的东西这么拖慢速度，output（输出）还这么丑。

我飞一般逃窜出办公室，最后做了一个极简主义的，类似于傻瓜相机一样的工具，藏起了我所有的自作聪明和自以为是。

他也没有表扬我。

后来的某一天，有领导问我，你这小子做出来的东西工整大方，还不用怎么多费口舌你就知道我要什么，哪儿来的经验？

我曾经在 Amazon 被骂成狗。

3. 第二次被骂，是被见魔杀魔的女经理

前任辞职，我作为临时补位的，在没有任何培训、没有任何人带的情况下，老板让我给各大区经理开一个预算会。

那是我人生第一次接触 budget vs. actual（预算和实际落实），第一次看到活生生的乱如牛毛的 corporate GL（公司总账目），几千行账目，我囫囵吞枣地看了个大概，觉得再加上自己机智的临场发挥，第一次会议成功混完应该没有问题。

然而并没有成功。

女经理不停地发难，问出各种匪夷所思的问题……

这个 corporate card（公司信用卡）上，这个月为什么比两个月前多出几千块？印度的某一个小组每个月都会出去寻欢作乐花点小钱，这个月为什么没有花？美国这边的 PTO（专利与商标局）为什么多次超出预算，是不是你们的预估根本就是错的？

我在连着说了三次"I am not sure, I need to look into it"以后，她直接转向大老板说：

"我觉得这个人根本做不了预算分析，我很担心这会让我们的支出失控。你应该换更有经验的人。"

然而老板并没有换掉我，而是让我在每一次大会前都提前十五分钟去他的办公室，脱稿跟他口述上个月八个国家的全部预算和实际支出情况。

女经理后来约我吃过一次饭，我却一直心有戚戚，没法跟她成为朋友，但也并不讨厌她。

后来的某一天，有领导说，你是我见过的最得力的做预算分析的人，这么烦琐的工作，你却干得这么好。

我曾经在 Amazon 被骂成狗。

4. 第 N 次被骂，是被平级的同事

作为外国人，我习惯了在例会里当无声人、无脸人。有一次我被拖进一个跟我做的东西有一点关系的会，被人问到的时候简短解释了一句，会议结束时说了句"Thank you"就准备开溜。

作为在美国工作的中国人，很正常的一幕，对不对？最讨厌这些浪费我宝贵时间的无聊会议了，还不如放我回桌子前好好做模型，有没有？

有人就看不下去了。一个跟我八竿子打不着的平级跑过来跟我说："你怎么那么沉默，那是讨论大家做的东西，你一点意见都没有吗？你一点都不关心吗？你有没有 ownership（归属感）？"

我以为他是开玩笑的，但直到他走开都没有出现我预期的哇哈哈哈 just kidding（只是在开玩笑），我才意识到，我又被骂成狗了。

后来你们也猜到了，在 Amazon 已经成为我的往事的某一天，某个同事跟我说，我最看得起你的一点，就是：You speak up like a bulldog, you work like you own it.（你就像一只斗牛犬一样发声，就像你拥有这家公司一样去工作）。

因为我被 bulldog 们狠狠骂过，被骂到没有了 ego（自我），只有想快快不要这么弱了的强烈渴望。

5. 没有冲突，没有不满，你只有温柔地待在原地

每个人都希望被这个世界温柔地对待，但是没有冲突，没有不满，没有人告诉你你其实很一般，很多时候我们就只会温柔地待在原地，很多年。

有很多公司，做一做目标就变得不明确了，一会儿要政治正确，一会儿要男女平等，一会儿还要免费午餐。这些东西，都是 nice to have（锦上添花），但是都不是 must have（非有不可）。作为一个公司，作为一群职业人，say harsh things, make tough decision（说恶劣的事情，做艰难的决定），让人浑身不舒服，却让人从更深层次放心。

Amazon 严苛的文化，是帮助彼此面对残酷的现实：

你并没有那么好，你还可以更好。

WORK HARD，

HAVE FUN，

MAKE HISTORY。 ▲

——张丹
LinkedIn 专栏作家，曾就职于亚马逊美国，担任高级财务分析师一职。

03

缺乏格局，再努力也是无用功

1954 年，有个人发现一家餐馆生意非常火爆，仅牛肉饼就让很多人心甘情愿排队 4 小时。他向店主建议开设分店，被执掌的两兄弟以离家太远为理由拒绝。

于是他提出自己来开分店并提供分红的建议，在六年里，他拥有了这家餐馆的 280 家分店。

1961 年，这个人向两兄弟买下餐厅股权，成为这家餐厅唯一的主人。

这人名叫克拉克，这家餐厅叫麦当劳，后来的故事大家都知道了。

这就是格局之分。

1. 职场上的格局是什么

同样是搬砖，一个人觉得自己在砌一堵墙，另一人觉得自己在盖一座房，还有一个人认为自己在建造一座新的城市。

二十年后，认为自己在盖房的也许会成为工程师，认为自己在建设新城市的也许会成为开发商，然而一直认为自己仅仅在砌墙的，他一定还在砌墙。

格局小的人，做一件事往往只看眼前利益：

比如今天老板不在就偷偷提前下班放自己半天假；

比如管着一个部门，却总想安插自己的亲戚进来；

比如想干一番事业，却又没有容人之量，最后只能夫妻合伙开了个小铺子。

格局这个词，最初是从棋术概念里衍生出来的。

大师级棋手和普通棋手的区别在于，后者想一步走一步，前者走一步想十步。

Uber 最初只是一家普通的出租车公司，亚马逊在一开始也不过是网络书籍销售商。

现在，前者开发了全球即时用车软件，重新定义了人们的出行方式，改变了全世界人的生活；而后者成了全世界最大的电商网站。

格局，是培养一种重要的受益终生的思维方式。

2. 从问题的高度看问题

读书的时候，老师会砰砰敲着黑板提醒大家：同学们，想要拿分，关键要摸透出题老师的思路啊！

这个道理，在职场当中同样适用。

当你的提议被否定的时候，先别忙着腹诽领导的眼光，想想站在他的立场，你们团队目前最急需的是具备什么要素的提议？

当你的方案被打回的时候，先别忙着吐槽客户的品位，想想对方的层次和需求，你的企划有没有戳中他们最迫切的那个点？

当然，学校老师不会教你一边做试卷，一边揣摩科研院所的想法，因为距离太远，跨度太大了，日常相关性太小，可参考性基本没有。

同样，职场中的你要上一个台阶看问题，而不是噌噌噌一下子冲到顶楼。

做着第一线的工作，你要考虑的便不是如何做好一个幕后大 BOSS。最好是从你的上级或是能力优异的前辈的角度出发，有针对性地考虑和解决问题。

3. 站在十年后看现在的自己

乔布斯和比尔·盖茨从名校中途辍学去捣鼓计算机的时候，他们未必预料到自己日后能取得这样的成功。

乔布斯在离开学校后，参加了一个美术字学习班，在那里，他学会了在不同的字母组合之中改变空格的长度，设计出最美妙的印刷字母。

17 岁的乔布斯不会知道他笔下勾勒的这些字母，会在十年后被用在第一台 Mackintosh（麦金托什）电脑里。

而在回顾这段经历的时候，他感叹："你必须相信，这些片断会在你未来的某一天串联起来，你必须要相信你的勇气、目的、际遇与因缘。"

人生如棋局，不要急功近利，计较一棋一子之得失，而要着眼于未来，才能将各种资源和能力织成牢不可破的网。

4. 你在和人家拼手段，人家已经在拼格局

有一句谚语：再大的烙饼也大不过烙它的锅。意思是：你可以烙出大饼来，但是你烙出的饼再大，也得受烙它的那口锅的限制。

你未来的人生就像这张大饼一样，是否能烙出满意的"大饼"，完全取决于烙它的那口"锅"——这就是所谓"格局"。

一个每天在街头乞讨的乞丐不会嫉妒开劳斯莱斯的人，却会嫉妒比自己要到更多钱的乞丐——这人一辈子估计都是个乞丐了。

如果将人生当成一盘棋局，那么人生的命数就由这盘棋的格局决定。

人类的历史进程中，每一次巨大的变化都是因为一个领袖的诞生。这些领袖大都有着人间少有的格局和气量。具备这些素质的人，往往有着极其强大的人格魅力。

职场上，有些领导天生就让你愿意为其做事，因为潜意识里你知道，跟着他一定能走对路。而这些领导所自带的气场，就是其格局所带来的。

比如整天想着改变世界的 Elon Musk（埃隆·马斯克），发明 Paypal、推出 Tesla（特斯拉）汽车，还创立了 SpaceX 太空探险公司。努力改善地球的环境的同时，还在造飞船探索宇宙。

当你和别人拼手段的时候，人家已经在拼格局了。

一个人的格局，取决于他的视野、胸怀、胆识等心理要素的内在布局。

保持独立的人格，拥有独立思考与判断是非的能力，坚守为人处世的原则，不断获取新的知识，站在问题的新高度来进行思考，你自然就会形

成大的格局。

5. 我们应该何时提升自我格局

答案是任何时候。

以前人们说三十而立，可现在，七八十岁的老人依然能攀登珠峰、征服深海，老太太们依然时髦得不输少女。

因此，千万不要在心里给自己设任何界限：我都到了这个年纪了，再想追求什么也一定做不成了。

人生不仅是跑道上等待冲刺的白线，引力波都被发现了，生活，还多的是可以被重新认识的空间。

Just do it. ▲

———瞳瞳

带领 LinkedIn 微信订阅号团队 2 年时间，收获 140 万关注；200 万＋阅读爆款文章制造者；带领 LinkedIn 成为职场类公众号 TOP1，企业类公众号 TOP1，头条文章平均阅读量超过 10 万，为职场人士指点迷津。

04

赞了 300 条朋友圈，却还是融不进他们的"朋友圈"

总有些人，到哪里都吃得开，哪怕只是去餐厅吃个饭，老板都会给他们多送一杯饮料；去谈事情，总是三下两下就能把难缠的客户搞定。但还有些人，赞了别人 300 条朋友圈动态，却还是融不进人家的"朋友圈"。

其实，前者只是掌握了夸奖他人的正确技巧。这项技能不需要太长时间，却可以给你的生活带来巨大的帮助，大到商业合作、小到吃饭聊天，都可以带你飞得更高。

许多人写过关于"夸奖"的文章。可对于这件事儿，我想说得更实在一点。

之前很多人在微信上晒去年一年送出了多少个赞，又收获了多少个赞。瞄了一眼，在四位数的还真不少。要知道，这已经比很多人一辈子用过的夸人的句子还要多了。

萧伯纳说："每次有人夸奖我的时候，我都会非常困扰，因为他们夸得不给力。"

这太有意思了，因为人性的弱点之一就是喜欢批评别人，却不喜欢被别人批评；喜欢被夸奖，却不喜欢夸奖别人。

朋友圈如此多的赞，难道人类一夜之间进化了？

实际上，少有人喜欢把自己的私生活点滴公之于众，把自己暴露在他人目光之下。可大量的朋友圈提示了我们，每个人都有想被肯定的心愿：

就像是女生会在朋友圈里发自己美美的自拍照和高级餐厅的饭菜，或是男生会发豪华跑车的车内图片一样。

这些照片背后的潜台词大概是：看，我今天过得不错哦！快点来夸我夸我夸我吧！

另外也许你已经知道了——调查显示，2014 年一年产生的照片总量已经超过了过去 20 年之和。

从心理学的角度来看，获得夸奖甚至是人类生命中最本质的需求。

就像约翰·杜威说的："人类最深刻的冲动是做一位重要的人物，因为重要的人物时常能够得到别人的夸奖。"

可惜的是，在屏幕上顺手来一个赞很容易，认真夸奖却很难。夸不到位，不仅浪费口舌，甚至还有反效果。

至于为什么人们喜欢点赞，却不喜欢表达夸奖有一个很重要的原因：很多人认为这是拍马屁。没有人喜欢处在下风。所以为了维持姿态，也就懒得夸了。

那么我们需要弄清楚几个问题了：首先，夸奖与拍马屁究竟有什么不同？

1. 真心诚意的话叫夸奖，话说低级了才是拍马屁

简单地说，夸奖是发自内心的一种冲动。这种冲动是没有动机的。就像是我们看到一个大美女走在街上，就会不由自主地想要上去认识她一样。

你不会去想她是一个怎样的人，生活习惯好不好，她能给你的生活带来什么好处等问题。那是一种原始冲动，不需要理由。

当我们真心认可一个人或是一件事的时候，我们就会产生这种冲动。

它有着强烈的排他性。比如一个你看不上的人在你危难之际出手相助，帮你渡过了难关。你心里极其感激他，这个时候，你不会去想我感激他会不会失了面子或是今后我是否就不在他之上了等问题。

而拍马屁不同，它并不是发自内心的一种认可和冲动。拍马屁大部分时候都带着强烈的企图心，目的性强：

比如下级拍上级的马屁是为了升职加薪；

小孩拍大人的马屁是为了要零花钱。

也就是说，拍马屁是要求回报的，而夸奖是不要求回报的。

除此之外，夸奖之词通常有理有据。而拍马屁通常是凭空捏造，无事生非。

真诚的夸奖通常很有针对性，因为某个人或是某件事确实打动了你，所以你赋予褒奖之词。拍马屁就不同了，真不真实不重要，你听完开心就好。

所以拍马屁容易放大事实，大放厥词。好事也夸，坏事也夸，无事也夸。

我个人极少在朋友圈给人点这些。主要原因是太多人给我点了。当然我也懒。

一张照片发出去，至少也有 100 个以上的赞，经常是在 150 个左右，150 个是什么概念？就是手机屏幕一页都装不下，得往下翻动一点才能看到最后几行。

说真的，头像就那么一点大，还都是花里胡哨的网络 ID，我完全不知道都是谁给我点的。

鉴于此，我更喜欢用评论的方式来表达夸奖。可以毫不夸张地说，夸奖就是语言中的钻石，一句夸奖，可以让对方心旷神怡，对你印象深刻。

在日常交往中，我们经常听到一些敷衍的夸奖。比如"你人真好"。这种夸奖听起来不痛不痒，究竟好在哪里，好到什么程度，好的原因是什么，不得而知。

一些没有太多交往经验的人，一见面就是"久仰大名""百闻不如一见"等俗不可耐、司空见惯的段子。

这种公式化的夸奖，容易让人觉得你缺乏诚意，甚至有什么企图心，反倒给人一种你这个人不值得深交的印象。

恰如其分，是夸奖的核心。多一分太浓，少一分太淡。

这个世界上缺乏的不是美，而是缺乏发现美的眼睛。一棵树立在眼前，并没有什么特别。但是如果你带着欣赏的眼光和愉悦的心情仔细端详它的话，你总能发现它美丽的地方。

夸奖也是一样，不能够敷衍了事。最重要的就是夸得具体。

我们可以试着来体验以下两句话，看看有什么不同：

①"你的项链真漂亮。"

②"你的项链真漂亮，我上个月在巴黎的时候见过一个模特戴过一条类似风格的。我当时就想知道哪里可以买得到。"

毫无疑问，第二句话更能够使人感到暗爽。夸奖不应该仅仅出于应酬，更不能虚晃一枪。

芸芸众生中成功者只是少数，在日常交往中应该从具体的事件入手，善于发现别人哪怕最微小的闪光点，并不失时机予以夸奖。

当你夸奖的语言越具体，说明你越看重和了解对方的长处。这样对方听起来也会觉得真实可信，在这个基础上，你们之间的距离就不知不觉被拉近了。

再拿鼓励小孩学习来说，假如我们能够具体指出小孩聪明的地方，那么这将会刺激小孩坚持这种方式的冲动。

比如你对他说："你是我见过最聪明的小孩了，因为我发现你每次做算术题都可以用心算。我小时候可做不到这一点。"

接着，这个小孩在以后做算术题的时候，就会意识到你的话，并且坚持用心算来解题。反过来，单薄的一句"你真聪明"并不会对小孩的学习产生实质性的帮助。

所以，在今后我们要表达夸奖的时候，切不可惜字如金，不光要让对方知道我们欣赏他，还得让对方知道我们到底欣赏他什么。

2. 如何找到闪光点，做恰到好处的夸奖

人的天性里都有脆弱面——不可能有绝对的自信。

人们的自信通常只有 20% 是通过自己产生的，80% 是外界给予的。比如别人一直夸你长得漂亮。听了 1 000 遍之后，你也就不再怀疑了。反过来，这种心态会刺激你越来越爱漂亮，于是你就真的漂亮了。

我们都是带有偏见的人，我们只相信我们相信的，只看见我们想看见的。所以有一句话说得很好：你认为这个世界是怎样的，那它就是怎样的。

有的人说："我懂得要具体化的夸奖，但是我总是找不到夸奖的点。"

其实有一个很简单的方法可以让我们精准地切中对方的软肋——看对方的得意之事是什么。所谓得意之事，就是对方正在炫耀的东西。

柯达公司曾经决定捐赠巨款在罗切斯特建造一座音乐礼堂和一家戏院。为了承接其中的项目，很多制造商展开了激烈竞争。大部分制造商都败兴而归。优美公司的经理亚当森决定来试试运气，希望能够得到这笔价值 90 000 美元的生意。

在亚当森见到柯达老总伊斯曼之前，他的秘书就对亚当森说："我知道您急于想得到这批订货，但我现在可以告诉您，如果您占用了伊斯曼先生 5 分钟以上的时间，您就完了。他是一个很严厉的大忙人，所以您进去后要快快地讲。"亚当森微笑着点头称是。

亚当森被引进伊斯曼的办公室后，看见伊斯曼正忙着，于是静静地站在那里仔细地打量起这间办公室来。

片刻后，伊斯曼抬起头来，发现了亚当森，问道："先生有何见教？"这时，亚当森没有谈生意，而是说："伊斯曼先生，在等您的时候，我仔细地观察了您这间办公室。我本人长期从事室内的木工装修，但从来没见过装修得这么精致的办公室。"

伊期曼回答说："哎呀！您提醒了我差不多忘记了的事情。这间办公室是我亲自设计的，当初刚建好的时候，我喜欢极了。但是后来一忙，一连几个星期我都没有机会仔细欣赏一下这个房间。"

亚当森听罢，快步走到墙边，用手在木板上一擦，说："我想这是英国橡木，是不是？意大利的橡木质地不是这样的。"

伊斯曼高兴地站起身来回答说："那是从英国进口的橡木，是我的一位专门研究室内橡木的朋友专程去英国为我订的货。"伊斯曼此时心情极好，便带着亚当森仔细地参观起办公室来。

看到伊斯曼谈兴正浓，亚当森便好奇地询问起他的经历。伊斯曼便向他讲述了自己苦难的青少年时代的生活，母子俩如何在贫困中挣扎的情景，自己发明柯达相机的经过，以及自己打算为社会所做的巨额的捐赠……

亚当森由衷地夸奖了他的功德心。最后伊斯曼对亚当森说："上次我在日本买了几张椅子，放在我家的走廊里，由于日晒，都脱了漆。昨天我上街买了油漆，打算亲自把它们重新漆好。您有兴趣看看我的油漆表演吗？好了，到我家里和我一起吃午饭，再看看我的手艺。"

午饭以后，伊斯曼便动手，把椅子一一漆好，并深感自豪。直到亚当森告别的时候，两人都未谈及生意。但最后，亚当森不但得到了大批的订单，而且和伊斯曼结下了终生的友谊。

假如亚当森一进办公室就谈生意，十有八九要被赶出来。

他成功的诀窍，就在于他了解谈判对象。他从伊斯曼的办公室入手，巧妙地夸奖了伊斯曼的成就，谈的更多的是伊斯曼的得意之事，这样，就使伊斯曼的自尊心得到了极大的满足，把他视为知己。

3. 如果你不善言辞，该如何含蓄地夸奖他人

可并不是每个人都是亚当森，即便是最简单的夸奖，也会有人觉得肉麻，说不出口。特别是对于内向者。那么就没有含蓄一点的夸奖方法了吗？

其实不然。实际上，只要让对方感受到优越感，就是有效的夸奖方式，即使你没有半句阿奉之言。

将对方和自己做比较并且含蓄地表达出自己略逊一筹将会是个好方法。

比如：

"你车开得真好，我就不行，我总是不知道在什么时候换挡是最好的。"

"我真羡慕你有减肥的毅力，我虽然也下定过决心，但是每次看到蛋糕还是会忍不住想吃。"

"你可以教教我怎么逗女生开心吗？我觉得这方面你比我有经验多了。"

简而言之，就是通过降低自己的地位，间接地抬高对方。如此，即便是不善表达的内向者，照样也可以轻而易举地达到夸奖别人的目的。

通常情况下，放低自己很难。因为没有人希望自己比别人弱，这是人性的弱点。但正因为如此，我们可以利用这个弱点。别人都不愿意承认自己的不足，但是你可以，听者就会觉得你这个人特别真实和真诚，甚至会飘飘然。

然后对方会回送你一句："哪里哪里，我这都算是什么，你不也……"

也就是说，懂得放低自己就等于选择了容易模式。

相反，表现得太过完美的人，才是危险的。我们都知道，这个世界上没有完人。所以，给世界留点遗憾，并不是什么坏事情。

比放低自己更加高级的是"自嘲"。

懂得自嘲的人都散发着一种洒脱的心态和人生智慧。"醉翁之意不在酒"说的就是这个道理。通过自嘲的方式，放低自己，不仅不会让人觉得你太低级，同时还能满足对方的优越感。两全其美。

喜欢听好话，喜欢被夸奖，是人的天性之一。每个人都会因此而得到自尊心和荣誉感的满足。

当我们得到对方对自己的夸奖时，会身心愉悦，备受鼓舞。最重要的，我们会对说话者产生一种莫名的亲切感，从而使彼此之间的心理距离缩短。

我们通过夸奖来缓和气氛，促进交流，也用夸奖的智慧来引导对方的心理，使我们更加亲近。你到对方的距离，等于对方到你的距离。▲

——源靖

LinkedIn 专栏作家，知乎 8 万关注者，收获 14 万赞同，已出版《女生密码》《通往情圣之路》。

05

"关你屁事" 才是你的职场必杀技

你有没有过因为别人不好的评价，而把喜欢的衣服关进衣柜？有没有因为别人的负面评价，而不敢再做自己感兴趣的事情？我们都曾经因为别人的评价而放弃自己喜欢的学校、专业、工作、爱好甚至爱人。

这都是因为我们在关键时刻忘了一句话——"哦，关你屁事"。

《最愚蠢的一代》(*The Dumbest Generation*) 中说一个人成熟的标志是，明白每天发生在自己身上 99% 的事情对于别人而言根本毫无意义。

那我们是从什么时候开始在意别人的看法从而变得不自由的呢？

从我们知道别人对我们的期望开始。

1. "别人家的孩子" 为什么是达不到的标准？

你看婴儿在玩耍的时候，其实他们绝大多数都是自由的。他们不会去考虑社会责任，他们不会担心自己被人嘲笑，他们不会害怕失败或者是被拒绝，他们最真诚地表达自己的情绪。

但小时候我们怕拒绝了父母，会再也比不上他们口中"别人家的孩子"；上学后怕拒绝老师，被认为不够上进；上班后怕拒绝领导，被认为不够努力没有潜力；结婚后怕拒绝老公，被认为不够爱对方。

事实上，就连想到改变这种状态都会觉得害怕。因为这份"不自由"就发生在我们被整个家庭和社会"驯化"的过程中，或者说是我们逐渐被社会化的过程中。

那一年你4岁，非常喜欢唱歌。你有着动听的嗓音，而且唱歌让你感到快乐。有一天你妈妈加班到了晚上8点才回家，你不知道她今天跟同事吵了架并且被一位客户投诉，不知道她今天头疼了一整天晚上几乎都没有吃饭，不知道她此刻还是头疼欲裂并且非常想静一静。这些你都不知道。

你只是很开心，看到她回家你就更开心了，你开始放声歌唱，欢快地围着她唱歌。你妈妈终于按捺不住了，没忍住就对你有些凶地说："别唱了！你不知道你的嗓音很难听吗？"

那一刻你住嘴了。

从此你变得不太愿意唱歌了，因为你怕别人讨厌你。你觉得自己的嗓音很难听，所以索性就不唱了。

你甚至开始变得很害羞，不敢跟其他的小朋友讲话。而所有的这些变化，仅仅是因为你妈妈在心情糟糕的时候那么无心的一句斥责。

她并不知道这句话会在你身上产生影响，她像全世界其他的妈妈一样对你怀揣着最美好的期望，可是她永远都不知道一句话可以在你的心里生根发芽，变成了一个你束缚自己的，和自己签下的，魔鬼契约。

你上初中的那一年开始爱上了数学。你发现数字是如此奇妙，不管是代数、算术或者是几何，它们的规律是如此完美，让你沉浸在其中不能自拔。你并没有想争什么，但是在全班的第一次数学考试中，你拿了第一名。

在你看着成绩单惊喜不已时，老师在讲台上说了这么一句话："数学的思维一般还是男生比较擅长，女孩子可能开始的时候成绩很好，但是慢慢学到比较复杂的知识，就要落后于男生了。"你很难过，为什么就因为自己是女孩子，所以数学就会慢慢落后呢？

你也不懂是为什么，但你好像真的像中了魔咒般的数学成绩在初二时开始下滑。每一次你没有学好，你脑中便会响起老师的那一句话，然后你发现自己开始慢慢失去了对数学的兴趣，甚至开始讨厌数学。

直到有一天你告诉自己：女孩子的确不擅长数学，所以我还是去钻研文学吧！这位老师的一句偏见，再一次被你相信并且内化成自己的声音。从此，你和自己，签下了又一个魔鬼契约。

当然我可以给你讲无数个这样你和自己签下的魔鬼契约。很多这样的契约都是你如真理般信奉的：

"我不擅长游泳。"

"做我喜欢的事情是赚不到钱并且没法养活自己的。"

"我如果按照最本真的自己活着，就没有办法承担赡养父母的责任。"

"我如果现在不结婚就肯定嫁不出去了。"

"那么美丽、性格好又智商高的女孩子是不会喜欢我的。"

"我并不觉得自己是一个很值得爱的人。"

这些魔鬼契约都是以别人的无心、善意或者恶意的评价开始，以你最终把它变成自己内心的声音结束，然后你就在不知不觉中慢慢丧失了自己的自由。

2. 别人的评价只代表他是谁而非你是谁

你要如何打破这种契约呢？

永远不要相信任何人对你的任何评价，这个人包括你自己！因为不管别人对你的评价是好的还是不好的，那都是他们对你言行的理解。

比如你画了一幅画，然后有人说：哇，你画得好美！你的画本身并不会因为他的评价而变得美了，而是你的画在他的心中引发了他对于美的知觉。

同样，你发现另一个人看了你的画说：我真的没有办法想象，你花了一个星期就画出这么没有价值的东西！

这个评价其实跟你的画在你心中的价值甚至是它的实际价值都无关，这个评价仅仅说明你的画没有触及这个人觉得有价值的东西，或者仅仅是因为这个人想让你难过（也许因为他自己根本没有办法画出来！）。

你真正要问的，不是这幅画到底美不美或者有多少价值，而是问问你自己，在绘画的过程中你是否让自己的生命得到了表达、延展或者绽放？你的生命在这个过程中获得了多大程度上的滋养，才是让你知道它的价值的评价！

别人对我们的评价或者说对我们的言行的解读，更多地反映出了他们是谁，而不是我们是谁。

举个很简单的例子。你和女朋友还有另一位你的朋友走在路上，突然间你看到了一个衣衫褴褛的卖花的小姑娘，你掏出钱包，买下了全部的花，然后送给你的女朋友。

你的朋友在心里想：他这么做就是想在女朋友面前炫耀一下自己的大方。

你的女朋友在想：我知道他是个非常善良的人，全都买下来就是想让小姑娘今天可以早点回家。

而卖花的小姑娘在想：他一定是很爱自己的女朋友，才买了这么多花给她。

他们谁是对的呢？也许都对但也可能都不对，因为你买花的真正原因，只有你一个人知道。但有一点是可以肯定的，他们对你的行为动机的解读，是透过了自己价值感的滤网，所以其实这些他们对你的评价，更多说明的是他们是谁，而不是你是谁。

所以当下次别人告诉你，你非常擅长演讲或者你非常不擅长演讲，都请你感谢他们，并且同时也积极寻求他们的反馈。

但也请你记得，你擅不擅长演讲，跟他们都没有任何关系，因为你是流动的、发展的、变化的，所以擅长或者不擅长都不是最终的你。

而最终的你，是选择了听从真正自己内心的声音，去向着你想要的方向成长，并且接纳此刻一切你还成长得不够的地方。

永远不要相信任何人对我们的任何评价，这样的你，不会在不知不觉中签下限制自己的契约。也永远不要去肆意评价别人的生活和工作方式，因为尊重别人，也是尊重自己。▲

——Joy Liu
LinkedIn 专栏作家，心理工作者，繁荣成长工作坊创始人。

06

只有情商才能对付一切职场极品

    工作中，你可能时常会遇到一些在自己看来不可理喻的同事。由于种种原因，你们的工作关系陷入了一种很拧巴的情境中，让你有苦难言。

    这种拧巴的关系，我们可以统称为"有毒的关系"，大部分人在这种情况下都选择气死别人或者憋死自己。

    但职场上，唯有情商二字才能解决一切极品、奇葩、飞禽走兽。

    究竟什么才是病态的人际关系？面对这样的关系时，我们又要怎样应对？以下举四个例子和解决办法。

1. 职场如战场，攻破职场"冷攻击"

被领导冷暴力，其他同事都见风使舵不敢接近你？

遇到奇葩同事，故意默默把颇有挑刺意味的邮件发给你同时抄送上级，让你难堪？

碰上了表面不吵不闹，背后消极怠工的"队友"？

这些都是冷攻击行为——他不会当着全办公室的面对你大吵大嚷，却把你搞得身心俱疲、苦不堪言。

如果感觉到自己被冷攻击了，就一定要大胆找这个人谈谈。这就是决定你命运的"关键对话"，不说出来的话只会停留在你的脑袋里，永远不会被其他人听到，所以也是所有误解和错误决定的开端。是"撕×分手"，还是"不打不相识"都取决于此。

首先，开启这种对话的标准有三个：

① 对话双方所持立场差距很大；

② 对话存在风险，双方存在隔阂；

③ 双方对抗的情绪激烈。

一般情况下，攻击者之所以采取这种冷攻击，而非正面冲突的方法对待你，是因为他们自己也在刻意回避些什么。在这种情形下，如果你还不能捅破窗户纸，把话说敞亮，你就会越来越憋屈。

2. 职场如市场，有借有还才叫来往

任何关系的本质都应该是相互的，双方都要有相应的付出和收获。

第一种极端的做法是，老板只是一味地把团队中其他成员都当作机器人，无止境地分配任务，却又在任务完成后无法给出任何建设性的意见，那这样的老板／下属关系无疑是"有毒"的。

另一个极端是，老板永远不放心把事情交给别人做，凡事都要亲力亲为，这样的话下属倒是闲了，但永远不可能有真正的发展。

最双赢的上下级关系应该是：

老板凭借多年的经验站在一定高度上传授自己的工作体会，为下属的职业发展给予建议，分配最能锻炼他们的任务。

而下属也要学会从老板的角度思考，琢磨究竟怎样完成任务才能达到最佳效果。

3. 职场如竞技场，工作不能只靠自己

不怕神一样的对手，就怕猪一样的队友。

有一种神奇的猪队友，让人气不打一处来。他们的特点是：认为同事都个顶个地值得信赖，于是自己就开启了抱大腿模式。相信在背锅的同事中认真仔细的处女座不在少数。

同事给你充分的信任肯定是件好事，但过于信任以至于别人都懈怠工作，就适得其反了。

比如在和同事共同完成一份文件的过程中，想偷懒同事的心理活动大多是：反正他（倒霉背锅的你）最后还会从头到尾过一遍，我也就懒得再查错别字和标点了。

这样不负责任的做法会徒增你的工作量，最后把很多时间浪费在收拾烂摊子上。遇到这种情况，无论你们私下关系多好，都请用严肃脸找他谈一次，并制定标准化的硬性指标来衡量所有人工作的完成程度。

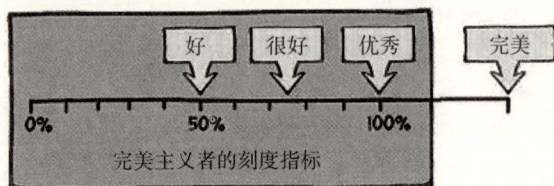

完美主义者的刻度指标

4. 职场如商场，挑选工作不如投资自己

效率专家 Brian Tracy（博恩·雀西）指出，我们工作中的绝大多数价值都由仅仅三件事情创造。其他所有的任务，要么是可以安排出去的，要么是可以外包的，要么是干脆可以不用做的。

每个人的高杠杆率事件有所不同。那么问题来了，如何找到属于你自己的高杠杆率事件？下面是个简单的步骤。

列一个清单：你可以以一个月为周期，按照优先级列出在这一个月内你要做的所有任务，弄明白你在这份工作中的最主要任务是什么。

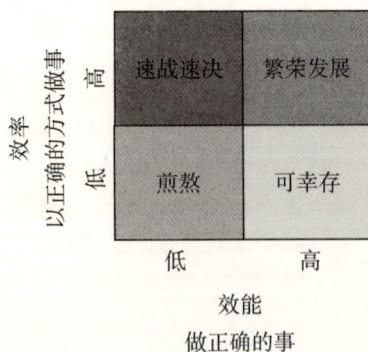

效能
做正确的事

问问自己：如果在这一个月的时间里，你只能选择去做这些事情中的一件，那么哪一件事情会给你的工作、你的公司带来最大的价值？

选择：在这些任务里，如果还可以选择第二件、第三件，哪一件会给你的工作带来最大的价值？

思考一下，你的工作（以及健康、财务甚至恋爱）中杠杆率最高的三件事是什么？

发现这三个核心的任务，并将你的主要时间聚焦在这些事情上，你将收到意外惊喜。

5. 面对"病态"关系时，管好自己不再犯错

有毒的人会把你逼疯，因为你永远不会理解为什么作为成年人，他们会展现出如此不合逻辑的行为。如果偏偏要和他们斗智斗勇，最后搞得自己彻底陷入有毒关系中，你就输了。

情绪管理是职场成功的必备技能之一，因此遇事千万不要冲动。

一个人的行为越不理智，你就越应该与他们撇清关系。三十六计，走为上策。与其试图跟这些莫名其妙的人"打一架"，不如直接"默默走开"。但走开不是指简单地对这样的行为视而不见，而是要从情绪上脱离开来，保证自己不被其搅得心烦意乱。然后就事论事，开始解决问题。

当然，情感上保持距离也不是件容易的事情，它需要意识驱动，甚至要一段时间的努力才行。把别人的影响降到最低需要先学会抛开眼前的纷争，只关注对自己而言重要的事情。

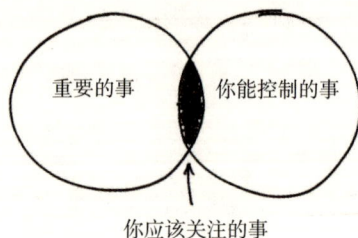

重要的事　　你能控制的事

你应该关注的事

"一切尽在掌握之中固然给人以安全感，但是自觉始终能够进行幕后操纵就可能会有些麻烦了。"

有些事是"重要"的，有些事是"你能搞定"的。而更多的事是既"不重要"，你又"不能控制"的。

内心强大的前提，是去关注并处理好那些"重要"且你能"应付得来"的事。

很多人觉得一旦和朝夕相处的同事建立了有毒关系，就很难脱离出来了，其实不是这样的。一旦发现一段有毒关系，你就会发现他们的行为可预测性极强。这样一来，你一般就也能预测出他们什么时候会对你做什么，而你又在此时应该有怎样的回应。而且，你也会因此占有主动权。▲

——特拉维·布拉德伯里

Dr. Travis Bradberry，畅销书 *Emotional Intelligence 2.0* 的合著者，也是 TalentSmart 的联合创立人。TalentSamrt 作为领域的先行者，提供情商测试与训练，服务超过 75% 的《财富》500 强企业。他的畅销书被翻译为 25 种语言，并在超过 150 个国家发行。他曾为 Newsweek, TIME, BusinessWeek, Fortune, Forbes, Fast Company, Inc., USA Today, The Wall Street Journal, The Washington Post, and The Harvard Business Review 供稿，或接受他们的采访。

07

工作不只有眼前的苟且，还有长远的凑合

"你的工作怎么样？"

"还好 / OK / 还不错 / 还凑合 / 就那样啦……"

这样的对话是否很熟悉？

我们中 99% 的人，都有着一份还 okay 的工作。事实上，他们的工作不只有眼前的苟且，还有长远的凑合。

我们朝九晚五，day in，day out。我们上班，我们休息，我们和朋友出去放松一下，然后继续新一周的周而复始。

这仿佛也没什么不妥。

他们的日子就像这样。

但是有一部分人过着截然不同的生活。

当其他人仍然在尝试习惯某种工作方式的时候，有些三十刚出头的人已经成为主管。当别人在一些无意义的工作上浪费大把精力的时候，他们

正通过自己的努力影响着数以千计的人。

以下的这些事情，他们都明白，而你不一定。

1. 要求是死的，人是活的，不试试怎么知道

在美国，曾经有一个风靡的"咖啡挑战"，就是当你走进一家咖啡店，随意点一杯咖啡，然后问问收银员可不可以打九折。

如果收银员问你"为什么"，你就说"就随便问问"。

令人惊讶的结果是：大多数时候，收银员会答应你的打折请求。

生活中有太多的事情是我们觉得：完蛋了！这个工作我不够格，我工作年限还少一年！

然而你认为不能协商的事，大部分时候都可以。

比如，我还在学校的时候，曾经申请过一个需要 3~5 年工作经验的职位。当时我没有任何相关的工作经验。

为了向 HR 证明自己的价值，我没有提交简历然后坐等结果。我找到一些和这家公司合作过的人，我和他们聊天，请他们向这家公司推荐我。

我成功了。

其实在求职时，简历与职位的契合度只要在 60% 以上，获得面试的概率就会大大增加。除了应聘一些专业性过于强的工作，比如医学、法学，入职标准基本上都是可以协商的——你只需要证明你可以为他们带来价值。

规则带来了秩序，但除了标准动作，有时你也要学会"break the rules"（打破规则）。不思考的话，你免不了会浪费若干年的时间，完成一项本来

只用很小成本就能做好的事情。

2. 找工作，选老板，而不是选公司

有人认为，只要他们能在麦肯锡或者高盛得到一份工作，就可以一生无忧。因为那是"金饭碗"，但残酷的事实告诉你并不是这样。

往苏打水中加些柠檬会很美味，可往牛奶中加柠檬的话呢？

如果把你的能力比作柠檬，那么你的导师在很大程度上则是决定将你加到苏打水还是牛奶中的调配师。有水平的调配师能让你的能力得到最大限度的发挥。

职场上，跟着合适的老板，远比选择知名的公司重要。哪怕公司并不是很有名也没关系。不要害怕今天后退一步，因为那是为了明天能向前走三步。

你会学到极为可观的东西，而且如果你够格的话，你能够进入他们内部的圈子，进而得到比以前更多的机会。在另一方面，他们能让你避免那些让你走弯路的错误。

围绕在正确的人周围能够让你得到比在任何公司更多的机会。而且你会少踩很多坑。相信这一点。You are the average of the 5 people around you.（和你最亲近的 5 个人决定了你是什么样的人。）

3. 不要害怕降薪，后退一步是为了前进两步

对冲基金经理 Stanley Druckenmiller（斯坦利·德鲁肯米勒）说："在职业生涯早期，如果让你在一个好的导师和一个高薪机会中间选，请毫

不犹豫地选择好的老板。而且在达到你学习曲线的峰值之前，请不要离开他。"

在我的事业里，没有什么比这一点更重要了。很多孩子都太短视了，只考虑短期的薪资，却忽略了为自己的长远发展打基础。

正如很多老一辈的人所说，年轻人最容易犯的错误就是耐不住性子。他们优化着自己短期目标带来的效果，却忽略了长远目标的规划。

不要害怕今天退回的一步，因为那是为了明天向前走两步。

4. 带你升经理的能力，不能带你升主管

What got you to level one won't get you to level two.

在职业生涯初期，你的技能（technical skills）最为重要。因为你做的往往是最硬最累的执行工作：调数据、修图、写代码……

但是随着时间的推移，这些硬技能渐渐地不再是你的核心竞争力了，你怎样和人们互动变得更加重要。

许多人觉得。自己在具体的工作上足够优秀，一切都没问题了。但是你需要的不仅仅是这些，你需要懂得办公室的人情世故，弄清楚如何增加你的附加值。

你还需要知道你的公司需要什么，并且为公司提供价值。而这些，不会有人告诉你。

5. "你能不能面对现实？""不，我不能。"

你身边有人拿过博士学位吗？

我相信虽然不多，但并不奇怪。

但如果你去问一个家族里从没有人上过大学的孩子，他可能会想：这根本就不切实际。

当我很小的时候，我有不少家庭条件一般的小伙伴。当有天他们知道我父亲是医生的时候，他们惊呼："Whoa, that's amazing！！"就仿佛发生了什么了不起的事情一样。

在他们看来，当医生就是"不切实际"的。

每个人在生活中都有这样的经验，某些在你看起来理所当然的事情，在别人的眼里却是不可思议的。

There are so many things in life you take for granted that someone else would think is crazy and unrealistic.

如果有人劝你，这事儿"不切实际"，千万不要就此罢休。在这个时代，只要你想，全世界都会为你让路。

6. 真正的教育，始于踏出校门之后

很多人都觉得在他们离开学校的那一刻，学习的使命就完成了。

但事实并非如此。

当你在职场上被撞得头破血流的时候，你会发现，相较于掌握的技能，深度的学习能力和思考能力恰恰是你的核心竞争力。

如果你留心观察，你会发现，越是忙碌的成功人士，越会尽可能抽空来每周读一本书，他们关心业界资讯，致力于参加研讨会，阅读研究报告，与大牛交流心得。

这就是他们为什么能够在看起来不相干的事物之间找到联结点，然后利用这种洞悉力谋求新的机遇。这也就是为什么他们能用和别人不一样的视角看待这个世界。

7. 没有绝对的坏工作，只取决于你怎么做

硅谷一个著名的风险投资人曾经决定在咖啡店工作一个月。试想一下，站在收银台后面的是一个极为成功的公司 CEO，他在不停地处理顾客的订单，并将咖啡递到顾客们的手上。画面太美不敢看。

大多数人都不想去做这样一种乏味的工作。但是他想要从这份工作中学到店铺运营的经验，想要了解物流、系统、发展瓶颈，还有顾客们购买的频率等。

大多数人会认为在麦当劳或者星巴克工作不够高大上，但是对于那些想要学习餐饮运营、物流、人员管理等的人来说，在一家连锁快餐店打工是难以置信的宝贵经验。

职场上没有哪个职业是绝对的好或不好，这完全取决于你怎么做。

8. 真正的人生赢家，从来不走寻常路

职场如同夜店，你的路总有三扇门。

第一扇门：有 99% 的人排队，等候着进去。

第二扇门：无须排队，但只允许有钱有权者进入。

但是总是有第三扇门：你必须得跳出队列，跑进小巷，爬过垃圾桶，几百次撞击大门，冲破窗户，穿过厨房。

如果你是站在大门口排队的那个，那么非凡的机会早已与你失之交臂。

比如一份好工作，你上传了简历、输入地址，点击"发送"，然后继续看视频嗑瓜子。

但这并不是梦想达成的途径。

聪明的职场人不会这么做，他们会精心撰写求职信，将自己的简历与这份工作好好 match（匹配），他们甚至会找可能认识的人推荐自己，去 LinkedIn 上扒他的个人联系方式……真正的游戏规则都是那些"说不出的秘密"，请在机会到来之前，先告诉他你能提供什么。

然后你就赢了。▲

———Raghav Haran（雷加伊·哈伦）
Landanyjobyouwant.com 的创立者，为两万读者提供职业生涯指南。

in | 第 五 章

Chapter 5

不提供价值，
谁是你的职场朋友

有的人微信朋友圈好几千好友，每天点赞评论就耗费大量的时间，以为这样就可以收获大量人脉，事实上彼此都是过客，除了打发时间别无他用。真正的朋友，是建立在互相欣赏、价值交换的基础上的，只有有用的人才能"被利用"，你的层次在于你和什么样的朋友有价值互动，要始终与优秀的人在一起。

01
聪明人的朋友圈都在做减法

你的身边或许有很多社交达人，他们对各类社交饶有兴致。

想起最近总是收到这样的短信："清人，打开微信，设置，通用，功能，群发助手，全选，您也可以试一下群发，看好友还在不在，不在的话就可以证明他把你删了，你也删了他吧"。

像这样的短信，夸张的时候一天可以收到十余条，我想原因是我的微信好友比较多，有4 000多人，人多了自然就杂乱起来。

于是我也开始思考：我是不是也该发一条这样的短信，来净化一下我的微信，借此回顾当初是出于什么样的原因加了这么多陌生的人？

1. "人脉"这种东西是很有弹性的

我想起了我一个大学同学。我们还在教室里读书写作业的时候，他已经开始翩跹于各种社交场合，号称我们年级里最有影响力的男人，活跃于各种社团活动。他说,他相信朋友遍天下,走到哪里都不怕。

也就是上个月,他在我们班的微信群里说他要来我们大学的城市,谁愿意收留他两个晚上的时候。群里一片死寂。没有一个人应答。

我不知道他心里做何感想,但作为和他关系相对紧密的我,还是感受到一丝凉意。

我不好意思在群里面出头和他说话,于是私信给他,还装作很惊喜的样子:呀,听说你要来了,我请你吃饭呀!

在饭局上,我们聊到了他这几年的情况。没什么特别的,大学之后就开始创业——卖袜子。但业绩并不好。我说,你认识的人多,应该有很多资源,创业是不是比较轻松?他摇摇头,喝了一口啤酒。只说了两个字:不谈。我没好意思问下去,但大致也能够猜到一二。

"人脉"这种东西是很有弹性的。今天我和你称兄道弟。但是三年后我们未必能够聊上几句。反过来,我和你并无渊源,但只要给我们一个契机,我们在几分钟内就可以"熟络"起来——至少,看起来是这样。

其实在以前,一个人真正能够交好的无非就那么几个朋友。因为以前人们的思想不够开放,信息传递也很不方便。人的社交空间也就被限制在很小的范围内。而如今不同,年轻的一代天不怕地不怕,而且我们喜欢"交朋友"。因为在这个时代,没有足够数量的"朋友"就好像你混得不咋地一样。加上微信、陌陌等一大批社交软件的流行,我们"交朋友"的时间成本和精力成本被大大降低了。

就好像我一样,微信里面有几千个人,他们都可以被称为我的"朋友"。然而实际上,我真正能够通过 ID 联想到本人的数量不足 200 个。另外的 4 000 个人，我压根不知道谁是谁、谁是做什么的、谁又能够帮到我。但尴尬的是，我又得花出一部分精力去维护这些脆弱的"朋友"关系。比如没事给别人朋友圈的动态发发评论什么的。一两个人无所谓，但几千个人，我确实有点力不从心了。

到这里，我已经记起来我当时的动机是什么了。那时候，我也认为认识各行各业的人对我今后的事业一定会有所帮助。怎么说呢，这里面有做互联网的、有做微商的，有学生、有老师、有富二代，也有我的同行。假如我用力用心去和每一个加我的人都聊聊，甚至出来喝杯茶，再一起洗个桑拿，最后聊聊生意问题，加上他们是我的粉丝，那么我一定可以获得不错的资源。

可是我一天只有 24 个小时。我真的没时间。

2. 看似"全线飘红"，实则"虚假繁荣"

随着时间的冲刷，我微信里的这些人会渐渐地把注意力转移到其他方面。有的会不记得当初为什么加了我，有的会删了我，有的会忘了我是谁。这很正常。因为"人脉"是相互的——你到朋友的距离，等于朋友到你的距离。

在这种情况下，我已经没办法号召这些人为我做一些事情了。看似全线飘红，实则虚假繁荣。让我最自责的一点是，我花了一部分精力在这些"外部朋友"的同时，减少了对"内部朋友"的维护。就在去年过年的高中同学聚会上，我已经和我高中时候玩得最好的哥们儿无话可聊了。

我记得有一次我在电梯里面看到一则汽车广告，它的标语深深打动了我："你和 Jerry 一年在微博上互 @16 次，但一年里你们见过几次？朋友之间的距离不应该只是 A 到 Z 的距离……"由此看来和我相同情况的人还不止一两个，这已经是一个普遍的社会现象了。

在我看来，那些发清人信息的人，似乎也遇到了同样的问题。只是程度不同罢了。所以我认为，现在和以前的社交模式不同了。我们在社交广度上已经足够（假如你愿意，你可以在网络上认识任何一个国家的人），但是我们似乎严重忽视了社交深度的问题。

做减法这件事情已经势在必行。把无关紧要的人从生命中全部剔除，专心地去维护真正可能对我们产生价值的人脉这件事情，已经显得越来越重要。

但是光谈情怀没有用。真正决定你有效人脉的依然是你自身的实力水平。比如我以前看过一个节目叫作《老友记》。有一期的嘉宾是周星驰和马云。一个是商界大佬，一个是影视明星。严格地说，他们是完全不相干的两个圈子的代表。但是他们依然可以坐在同一个饭桌上谈笑风生。

试想一下，你愿意请马云吃一千顿大餐，别人还未必愿意出席。问题的关键就在于我们自己是否有足够的能力和实力站在同一高度上交流。即使在不同的领域，假如你们的实力相当，也很容易拉近关系。比如，银行行长和大学校长就非常容易走到一起。而明星和地产大腕也经常出双入对。

3. 你认识多少人没有意义，切勿把"认识"当"认可"

你认识多少人没有意义，能号召多少人才有意义。举个简单的例子，假如你现在的月薪在 1 万块左右。那么你就应该多花一些精力放在月薪在

2～5 万块左右的人身上。如果你非要想直接和月薪 100 万的人称兄道弟，可想而知有多难。因为你们根本不是一个世界的人。

又或者，你是一个大学生，那么你就应该多花一些精力在刚刚工作的前辈身上。他们在事业的刚起步阶段，能够给你许多成功的经验和失败的教训。但是假如你一定要越过这一个层级，直接向大公司的老总讨教一些求职方法。往往得不到具有实质性的建议，多半是一些人生大道理。

当然，我们听过一些激动人心的职场"玛丽苏故事"。但请清醒一点，那毕竟是凤毛麟角。

社交媒体放大了少数年轻人成功的案例，于是我们想象着自己也能够出席各种高端社交场合，认识各种各样的名流。今天出席某某公司的上市发布会，明天参加某某电影的首映礼。而事实上，就算你作为百度的员工，天天见到李彦宏，天天听他的员工讲座，也未必能让他和其他大佬谈生意的时候带上你。

所以，对于我们广大普通人来说，盲目的"拓展人脉"主要体现在这两个方面：第一，重视广度而非深度；第二，高估自身实力，越级发展。

在这里，我们所讨论的"友谊"都是以"功利性社交"为前提的。因为除了这些"功利性社交"以外，我们确实还有一些单纯的友谊。这种友谊可能一辈子维持现状发展下去，也有可能最终会发展成"功利性社交"。

反过来也是一样。"功利性社交"也有可能会发展成纯粹的友谊。如果加上这两点就非常复杂了。毕竟，友谊这种美好的情感产生的方式和维系的方法非常多。每个人也有不同的想法和困境。

大家还是应该正视自己的朋友圈，擦亮眼睛看看周围的朋友。切勿把认识当作认可。一分耕耘，一分收获。想要收获得好，必须耕耘得好。不断地提升自己，并且发光发热，总有一天，会有几个和你志同道合的朋友为你带来一份意想不到的惊喜。▲

——源靖

LinkedIn 专栏作家，知乎 8 万关注者，收获 14 万赞同，已出版《女生密码》《通往情圣之路》。

02

人生如球赛，需要有个合适的团队

1.

即便我不是球迷，但 2016 年 6 月 26 日梅西退出阿根廷国家队的消息还是让我震惊。在世界杯和美洲杯的比赛上，他第四次与冠军无缘。看着梅西在接受采访时流下的眼泪，一瞬间想起了麦当娜那首《阿根廷别为我哭泣》(*Don't Cry for Me Argentina*) 里的两句歌词 "Don't cry for me Argentina, the truth is I never left you"，遗憾的是阿根廷人民期待的英雄还是走了。

不少媒体都在分析为什么梅西始终无法带领国家队取得一次冠军，"更衣室问题""缺乏领袖气质""教练瞎指挥""团队中明星球员配置不当"……似乎所有的指向都在团队问题上。果然，再牛 × 的人身后都离不开一支队伍。

每个人的一生其实就是混迹于团体、从一个团队走向另一个团队的过程。未成年时，父母、学校就是你的队伍，你从那里获得身体与精神上的安全感；进入社会后，你所属的部门、公司就是你的队伍，你从那里获得财务、自我价值实现的成就感；组建家庭后，你的另一半、孩子就是你的队伍，你从那里获得共同成长和进步的责任感。

2.

只是，并非所有的人都能意识到团队的重量和价值。

我工作的第三年，跳槽到了一家创业公司。由于上一份工作让我对团队的信任度极低、好感度极差，所以一开始我并没有多真心实意地信赖这个新团队。我总觉得团队是个累赘，因为你总要求同存异后才能开展一项工作，效率远不如单打独斗来得快；此外，团队是要共享荣誉的，自己那点想出风头的小心思也得灭掉才行；更何况，现在的职场不也提倡"一个人一支队伍"嘛。正是抱着这样的想法，我对新团队持有的态度就是"大家面子上过得去就行"。

事实证明，一个人确实也可以做出成绩。当时我需要负责一个片区的销售工作，靠着自己的一点小聪明，我用"打感情牌+画大饼"的方式很快搞定了一类客户。可是，面对那些理性派、务实派的客户，我的这套方法完全无效。我以为是自己死磕得不彻底，可是在第一年接近尾声时，无论我那套方法已经使用得多纯熟、老练，在面对后一类客户时自己还是无可奈何。

印象很深的是有一位客户非常务实、理性，不愿承担一点风险，货比三家后非常喜欢我们公司的产品理念和操作方式，但我们对产品的操作方式的确会比同类公司产生更大的风险，所以即便我和他面谈了三次，举出多种数据和案例去证明我们可以把风险降低到多低后，他还是犹豫不决。

我终于绷不住了，只好向团队求救。本来也没抱多大希望，不过是活马当死马医罢了。让我意外的是，团队居然真当回事儿了，大家开会专门讨论这个项目。团队领导人和团队中有经验的同事在了解客户情况后帮我分析，提供经验，拟出了三种攻克方案；年轻没经验的同事则询问他们周围与该客户性格和心理类似的朋友，帮我了解这类人的真实想法以及可能突然冒出的状况，不打无准备的仗。因为他们的帮助和充分准备，在第四次面谈时我终于搞定了这位客户。通过这次群策群力，我了解了这类客户的心理和应对方法，所以在第二年时已经能稳操胜券了。

这个团队让我明白了一个道理：一个人也许可以走得更快、更容易冒尖儿，但若想走得更远、更宽、更长久，你需要一个队伍的支持。

3.

所以，每位职场人都需要一个合适的团队。何谓"合适"？在我看来，一个能让你感觉恰如其分的团队包含以下三个特征：

第一，能做出结果。

这点非常重要！一个能做出结果、实现目标的团队通常也是能提升你的荣誉感、归属感和个人能力的团队。

一群没有血缘关系、一开始也并不熟悉、有时还带着竞争关系的陌生人聚在一起，从小我来说，不过是为了自己的利益。如果一群人聚到一起无法创造任何价值，或者总是无法实现目标，挫败、抱怨、怀疑会接踵而至，其结果必定是"树倒猢狲散"。所以，只有当一个团队能出成绩时，身为一分子的你，才会更加喜爱、信赖这个团队；而做出成绩也意味着你的贡献有所增加，能力有所提升（除非这个团队愿意养闲人），无形中自己也会变得更加自信。

在一个凡事以实现目标为导向的团队里，你也许会过得很辛苦，但获得的收益也是与付出成正比的。

第二，有一位能让你买账的领导者。

领导者对于一个团队的重要性无须多言。职场人最怕的就是那种反复无常、让下属背黑锅、不付出却还抢尽一切功劳的领导。如果你的上司恰好符合上述描述中的一种，我想即便团队成员之间关系再融洽、工作再轻松，也少有人能长久做下去，因为在这样的人手下工作是没有前途的。

其实领导有很多种风格：铁腕儿的、亲民的、敢于担当的……你要清楚最对自己胃口的领导是哪种类型。只有跟对了人，才能做对事，才能有出路。

我跟过一些领导：有主业是钩心斗角，副业是偶尔发挥职责的项目经理；有很接地气，同时又龟毛的处女座领导；有带着哈佛大学商学院光环归国的总经理；也有在国外不同行业游走了十几年，带着一身理想主义回国创业的首席执行官。其中最让我受不了的是两种领导：一种是龟毛型的；另一种是受海外名校教育和工作熏陶后养成快、准、狠习惯的。这两种风格的领导虽然都很容易让你分分钟想把辞职信摔到他桌子上，但等你被虐完又满血复活后，你会发现那些曾让你吐血的伤势都会转化成自己的内功，让你的职场技能和内心承重一再升级。

另外，跟过几个渣领导也不一定全然是坏事，至少他们能让你更加清
楚自己想要追随的领导是什么样子。

第三，有一群需要你的队员。

如果你在一个团队中无法做出贡献，相信我，你会生不如死。

虽说大家都叫嚣着想要那种钱多、活儿少、离家近、上班喝茶看报、
下班准点走人的工作，但若真是给你一份这样的工作，你每天会为不知如
何打发那 8 小时而熬得很辛苦。虚度生命、浪费才华才会让你产生强烈的
疲惫和抱怨。

不仅如此，一个无法为集体创造价值的人甚至会因为被团队里的其他
人习惯性忽视而产生深深的自我怀疑。之前我们团队有位同事因为无法胜
任本职工作，所以当时她提的每个建议都被大家即刻否决或直接忽略。甚
至没有人愿意花一丁点时间去稍微想想她说得是否有点道理。职场就是这
么现实，人微言轻在这里是真理。

我们在工作中取得的成就感，除了物质体现外，能否得到认同和重视
也至关重要。

前苏联作家奥斯特洛夫斯基说过："谁若与集体脱离，谁的命运就要
悲哀。"我们需要团队为自己保驾护航，同时自己也要为团队这艘船能开
得更远、更稳而全力以赴。无论生活还是职场都如此。

——思小妞
在美国晃悠的原创码字人，LinkedIn 专栏作者。

03

有用的人才能够"被利用"

有两项技能是能够为一个人所终身受用的，第一是学习，第二就是社交。

谁都知道人脉很重要，所以有些人非常勤奋地"做人脉"：他们往往会这样做——积极参与各类线下活动，逢人就换名片、加微信。可是这样的做法往往非常不讨喜。

在这个大数据时代里，圈子小到你意想不到，口碑传播的速度也快到你意想不到。还在做无效的"人脉"？你该看看真正懂人脉的人是怎么做的。

反面教材往往是这样的：

见到名人或者重要人物必合影，而且他还会掏出手机来向你炫耀。

逢年过节，给所有他觉得重要的人发一条相同的祝福微信，比较有心的会在复制的时候改一下前面的名字，以示重视。

动不动喜欢拉一个微信群，一般叫什么"XX 行业精英群"，每天早晨准时在群里说早安、发心灵鸡汤。

和你聊天的时候，会本能地提及他"认识"的一些大人物。如果名字是两个字的，他们喜欢叫"老 X"，比如称呼马云为"老马"。如果名字是三个字的，一般会去掉姓只说名，比如会称呼马化腾为"化腾"。当然，称呼 Pony、Jack、Robin 就显得更有格调了。如果你问他 Pony 是谁？他会一脸惊恐地告诉你："就是化腾啊，圈里人都叫他 Pony。"

碰到这样的人，大家大多会敬而远之退避三舍。

我曾经从事过媒体和销售工作，这两个工作都需要一定的人际关系建立能力，现把自己的方法总结归纳为以下 10 条建议：

1. "认识人多"不等于"人脉广"

在汉语中，"人脉"这个词后面往往会跟着"广"字，似乎人脉越广就越好。

一般来说，人脉做得好的人往往认识人比较多，但这句话反过来是不成立的。

你为啥要做人脉？说白了，不就是指望人家以后能给你带来些好处嘛。如果你认识了很多人，但是在需要的时候人家不愿意帮你，那你认识那么多人又有什么用呢？所以，人脉法则第一条就是要扭转"以多寡论英雄"的人脉观。

2. 人脉的基础是你的"被利用价值"

虽然残酷，但构成我们人脉的绝大部分"好友"，其实都是基于"利益交换"而被连接到一起的。既然是利益交换关系，那么你能换回来多少价值，也就取决于你自己能给出去多少价值。

请记住这一点：人脉的价值和你认识他多久没有关系，和你跟他喝过多少次酒没有关系，唯一有关系的就是你对他有多大的利用价值。你的利用价值越大，他就越会帮你。

与其把时间花在多认识人上面，不如花时间提高自己的个人价值。

我能想到的被利用价值大概有如下几个方面：

你的岗位权力或者个人影响力

你的财力

你的智慧或者专业技术能力

你的个人魅力，比如长得好看、说话幽默、人格高尚

你的人际关系网络

你的名气

3. 学会如何"搭讪"

"搭讪"是记者的基本功，简单总结一下我用过的搭讪方法：

投其所好：直接搭讪一般要有个理由，最好不要说什么"认识一下吧，多个朋友多条路"这样的话，大家都很忙，没有时间漫无目的交朋友。

你最好有一件具体的事情要找他，而且这个事情对他又有好处。比

如说，如果你要见江南春，那你最好说："江总，我们公司想做户外广告，能不能和您见个面聊聊？"

托人介绍：找一个中间人，让他帮忙介绍一下，对方一般都会卖个面子。

自然而然：创造一些看起来很"自然"的机会，毫无功利性地认识一个人。比如说参加晚宴的时候，故意坐在你想认识的人旁边。参加会议的时候，先去和你认识的朋友打招呼，然后他一般会把正在聊天的人也介绍给你。

目标明确：漫无目的的搭讪行为纯属浪费双方时间，在行动之前一定要想清楚自己想要认识的人是谁，如果没想好就不要行动。

4. 从"认识"到"熟识"

搭讪只能解决"认识"的问题，而真正对你有价值的人脉是"熟识"。怎么实现这一步的跨越呢？你们最好至少有一次"深入交流"。

我对深入交流的定义大致如下：

交谈时间最低不少于1小时；

同时在场人数一般不超过4个人；

所谈内容不局限于工作，如果能够谈及个人经历、世界观、价值观，那最好不过了。

一次深入的交流抵得上无数次的泛泛之交。当你成功搭讪了一个人之后，最好在1个月内能约他深入交流一次，可以请他出来喝咖啡，可以去他办公室拜访，也可以一起吃顿饭。

有人喜欢参加"饭局"、混"圈子"，这类事情我刚做记者的时候做

过，后来基本上就不做了，因为投入产出比很低。吃饭的人数最好控制在
4 个人以内，超过 4 个人的谈话就没有有效信息了。

5. 人脉是投资不是消费

投资品和消费品最大的区别在于，我们轻易不会去"消耗"投资品。
比如说我们手中有 10 000 股阿里巴巴的股票，我们预期它的价格会到每股
200 美元，那我们一定会把这些股票都留着。

人脉也是一种投资，投资标的是什么呢？就是"面子"。面子相当于
人脉市场的股票。如果你给了某人一个面子，就相当于购买了 1 股他发行
的股票，当你在需要的时候你可以请他还你一个面子，这就相当于是抛售
了这个股票。

股票抛了就没有了，所以面子轻易不要去动用，你用一次就少一次。
如果能用钱解决的，尽量直接用钱解决，面子尽量用在钱解决不了的事
情上。

比如说，当年曹操对关羽有恩，关羽想报答曹操，曹操死活不要，后
来曹操败走华容道，关羽奉命劫杀，此时曹操让关羽还他个面子，关羽只
好放了他一条生路。

当然，既然是投资就有涨有跌。有可能你看走了眼，你给了某人一个
面子，结果当你想要的时候他不给你，那就相当于你这个股票跌了。

6. 少"巴结"，多"互助"和"提携"

在人脉市场当中，那些名人、高端人士就像是热门股，谁都想要巴结

他们，但是门槛太高，小投资者怎能攀附得上？你即便花很多钱买了某个大会的门票，甚至幸运地在现场和马总合了张影，那又能怎样呢？巴结这事，成本最高，收益最小，我的建议是尽量少做。

我们最应该投资两类人：

第一类是和我们层次相仿的人，大家社会地位接近，所处的人生阶段接近，做事的时候交集最大，大家之间是一种平等的"互助"关系。事实上，屌丝逆袭一般都是一群人一起的，听说过马奈、塞尚、莫奈、雷诺阿、毕沙罗这些名字吗？他们都是著名的印象派画家，150年前他们经常一起在巴黎的盖尔波瓦咖啡馆聚会，共同开创了印象派这个新画派，也共同分享了世界级画家的盛名。

第二类应该投资的是比我们社会地位略低的人，比如说下属、年轻人，我们应该尽力去"提携"他们。

一个人要往上走，不但需要上面有人提携，还需要下面有人支撑，缺少任何一股力量你都是上不去的。蒋介石早年受孙中山提携一路高升，但是地位并不稳固，因为他缺少下面能够支撑他的人，后来做了黄埔军校的校长之后，蒋介石有了自己的班底，这才算是有了根基。

提携比自己地位低的人就好比低价买入潜力股，这类股票才是真正能让人赚大钱的。

7. 用好"平台"事半功倍

我这里说的平台，特指能够让你获得较大社交面的职业，典型的平台包括：

媒体记者

商会、行业协会或企业家俱乐部工作人员

NGO 组织工作人员

培训师、咨询师

公务员

事实上，"平台"的数量远远超过我上面所罗列的这些，所有需要和人打交道的职业基本上都具有平台属性。

比如说，销售员可以建立以客户为对象的人脉网络，市场人员可以建立以代理商为对象的人脉网络，采购员可以建立以供应商为对象的人脉网络。

反向思考的话，那些背后有"平台"的人也是值得结交的，我们可以通过他连接到他背后的社交网络。

美国最著名的外交家基辛格非常善于利用平台来经营自己的人脉。他在哈佛大学任教期间，曾经主持过一个"国际研讨班"暑期项目，每年都有来自世界各国的年轻领袖来哈佛参加这个研讨班，这些人当中有很多后来成了声名烜赫的大人物，比如日本首相中曾根康弘、法国总统德斯坦、以色列总理伊加尔·阿隆、马来西亚总理马哈蒂尔，其他人后来也大多非富即贵。除此之外，基辛格还主持了一份叫《融合》的学术季刊，他利用这个媒体平台向大人物进行约稿，结交了许多知名人士。

不过这里要补充一句，虽然平台给了基辛格很大的帮助，但平台只是一块敲门砖，基辛格之所以能和这些人交上朋友主要还是靠自己的渊博学识，这就是他的被利用价值。

8. 合理配置 "投资组合"

专业投资人会把资本投入到不同类型的资产上面，从而形成一个 "投资组合"，经营人脉也适用这个方法。

既然是组合，那么我们应该怎样给人脉资产分类呢？我是这样分的——

无利益关系好友：比如同学、邻居、玩伴、闺密，和他们相处你啥也不用多想，做最真实、最傻的自己就好；

工作人脉：比如同事、公司外部合作伙伴，对这类关系不必太刻意亲近，保持 "舒适距离" 即可，太近了反而让人多想；

支撑性人脉：比如你的下属、你看好的年轻人，他们是你未来向上发展的助推力量，应该多给他们帮助和指导；

提携性人脉：比如认可你的领导、给你指点的恩师、看好你的大佬，不过你尽量不要找他们帮忙，多和他们聊天请教，多学习他们做人做事的方式，学习他们分析问题的方法，这些才更加重要；

横向人脉：他们和你可能没有利益交集，但是对于增长你的见识很有帮助，比如旅行时认识的驴友、其他行业的朋友、一起打球的球友。

以上几种类型的人脉，你的资产组合当中最好都有。假如我们认识100个人的话，我认为比较合理的比例是这样的：

无利益关系好友：5人

工作人脉：65人

支撑性人脉：15人

提携性人脉：5 人

横向人脉：10 人

9. 八面玲珑不可取，要做有个性的人

有些人认为"见人说人话，见鬼说鬼话"就是会做人，就能广交朋友，对此我颇不认同。

如果你总是喜欢迎合别人，那你能结交到的就只有那些喜欢听奉承话的人，这些人有什么值得交往的呢？如果你总是顺着人家说，那你的价值又是什么呢？

做品牌的人都知道品牌要有"定位"，其实我们每个人也有个人品牌的，只不过我们管它叫"名声"，要想让自己在人脉市场里获得良好的市场推广效果，我们也应该有定位，那就是我们的"个性"。

有句话叫"你若盛开，清风自来"，我们只要坚定地做好自己，按照自己的想法去玩命生活，我们自然就能散发出一种气场，它会把那些认可我们的人吸引过来。

有人可能会说，"如果太有个性了就可能会损失一部分不认可自己的朋友"。

我说兄弟，你根本就没有拥有过他们，又谈何损失呢？话不投机半句多，干吗非要扭曲自己去奉迎他们呢？如果你想所有人都喜欢你，最后只有一种结果，那就是所有人都不在乎你。

哥个性地活了 30 多年了，不但朋友没少几个，连感冒都不太得了呢。

10. 珍惜人品，圈子很小

前面九条写得都有点功利，最后一条咱们来谈谈人品吧，其实我觉得这才是做人脉最重要的东西，所以我把它留在最后说。

我仍然用股票来举例，如果说被利用价值是你的利润的话，那么你的人品就相当于市盈率，你的人脉价值就是被利用价值和人品值的乘积。

也就是说，在你的被利用价值一定的情况下，你的人品越好，你就能收获越多的回报。人品是一个杠杆，它能够成倍地放大你的价值，也能成倍减少你的价值。

重复一遍，在这个大数据时代里，圈子小到你意想不到，口碑传播的速度也快到你意想不到。曾经有几次，我收到过八竿子打不着的人的微信，询问我对一个曾经在我手下做事的员工的评价。

出来混，总有一天要还的。▲

———许维
海万企明道软件有限公司副总裁。

04

你的朋友圈决定你的层次

花一分钟想一想：和你每天最密集交流的人都是谁？他们都有什么样的特点？他们是在提升你还是埋没你？

职场中，"人"是核心竞争力。因为每项工作终究都是同人打交道，人控制着资源、机会和信息。

慎重选择你身边的朋友，因为你身边的人决定了你是谁，以及你将成为谁。

1. 最多 150 个朋友？慎重选择

假设你在生日那天得到了一个生日礼物，它是一台只有一张内存卡的数码相机。你带着它去欧洲旅游，但因为没有带电脑，在一个月的时间里，你都没法把相片归档。

也就是说，所有的照片都会被储存在这唯一一张内存卡中。

一开始，你可能会很随意地拍照，但随着内存卡空间慢慢变小，你被迫少拍一些，或者调低照片分辨率，让照片占的空间更小。到最后，可能你每多拍一张新照片，就必须要删掉一张老照片。

如同相机只能储存一定数量的照片与视频，你也只能与一定数量的人保持联系。

考虑到每个人每天只能有 24 个小时，不管你交友多么慎重，总有到头的时候——你将一位新朋友纳入你的人际圈，就相应地会挤出一位老朋友。

我们所能维系的人际圈容量有限。进化心理学家罗宾·邓巴发现，由于受大脑的限制，人类所能保持的朋友圈人数不超过 150 个。

你和这 150 个人之间的联系，我们称之为"亲情""友情""同事"或者只是——"关系"。

就如同相机存储卡中存放着不同分辨率的照片一样，这 150 个人当中，有的人与你朝夕相处，关系密切，有的朋友你可能一年只会发两封电子邮件，不过这也够了。

2. 你的人脉有三级，选择你的圈子

在现实生活中，和我们打交道的除了这 150 个人，其实还有更多。

你的亲密伙伴、家人等可能是你第一等级关系圈的组成，他们是你的朋友、家人等。

第一级关系网

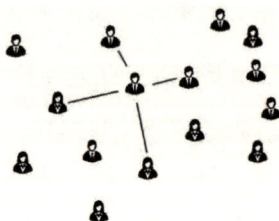

　　然而，你的朋友也可能认识你不认识的人，而这些朋友的朋友，就构成了我们的第二级关系网。

第二级关系网

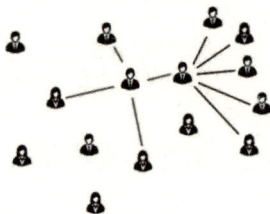

　　而朋友的朋友，也有他们的朋友，于是你的第三级关系网也就形成了。

第三级关系网

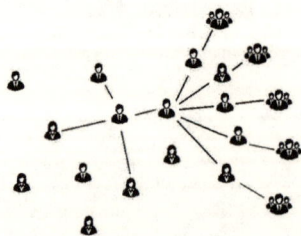

这世界真小，一不小心就发现大家都相互认识。繁忙的街道上看上去似乎都是陌生人，但一旦出现一个熟悉的面孔，我们很容易就会注意到。

当我们遇到一个陌生人时，往往会发现我们有共同的朋友。如果在职场上，这就是你的职业社交网络。

这些在我们圈子之外的"朋友的朋友"，有时对我们有着更加重要的帮助。

我们和我们的朋友之间常常背景、经历多有重合，我们分享着相似的信息和资源。他们所能够得到的机会，我们通常也早就知道了。

但那些我们不常常联系的人，反倒时常成为我们获得机会的至关重要的因素。

这是因为，那些我们"不那么熟的人"，因为和我们的圈子不太重合，他们所学到的东西也很不一样。

而这些人，都来自于你最初的那 150 人。

3. 你比你想象的更强大，也更有力量

有了这三级人脉网络，你的世界有多大？

恐怕你都会惊讶。

假设你有 150 位朋友，假设他们每一位又相应地有 150 位朋友，这些朋友每个人又相应地有 150 位朋友。也就是说，你可以通过介绍的方式认识 $150 \times 150 \times 150 = 3\ 375\ 000$ 个人了。

这是你的关系网

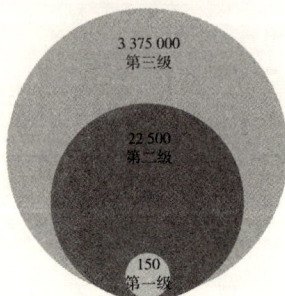

3 375 000
第三级

22 500
第二级

150
第一级

这些人都是谁？

如果你在全球最大的职场社交网站 LinkedIn 上检索那些大人物。你可能会有意外的收获。

比如，你是百度创始人李彦宏的粉丝，来看看他在你的哪个朋友圈里：

这是你和他的关系：

人脉关系

您

Yuanqing You

Robin Li
获得引荐 ▸

如果你是李开复的粉丝，不妨通过这些人与他联系：

没错，英国前首相卡梅伦，一个或许只在新闻中出现的人：

他是你的朋友的朋友的朋友（3度联系人），但你仍然有机会与他建立

联系：

潘基文，没错，联合国秘书长：

也不是完全没机会：

您

Derek Shen

Linus Chung

Amanda Ou 欧文敬

联系人能向您引荐认识Ban的人

Ban Ki-moon

这世界没有什么不可能。你远比自己所想象的更有力量。

不过，真正的人脉关系建立者首先关注的是自己能否为别人做点什么，而非时刻算计自己的付出。因为往往只有优秀的人才拥有有效的人脉。

与那些圈子之外的人建立真正的社交关系，至少取决于两个条件：

能从对方的角度看问题；

思考自己如何帮助对方或者如何与之合作，而不是想着自己能从对方身上得到什么。

你的人际网络不仅决定了你是谁，更蕴藏了你的绝大部分的职场机会。

时刻记住：你身边的人决定了你是谁，更决定了你将成为谁。

Want to be successful? Surround yourself with successful people.

Want to be happy？ Surround yourself with happy people.

Want to be healthy？ Surround yourself with healthy people.

Want to become more confident？ Surround yourself with confident people.

In essence，we become more like the people we hang out with.

想成功？就与成功的人为伍。

想幸福？就与幸福的人为伍。

想健康？就与健康的人为伍。

想自信？就与自信的人为伍。

实际上，你与什么样的人为伍，你就会成为什么样的人。

选择好你的朋友圈，你远比自己想象的更加强大。▲

——里德·霍夫曼
Reid Hoffman，LinkedIn 创始人兼执行董事长。他曾是 PayPal 的核心创办成员兼高级副总裁，
后成为创投公司 Greylock 合伙人，活跃于硅谷天使投资圈，他帮助并投资过 80 多家创业公司，
包括 Facebook、Zynga、GroupOn、Airbnb 等企业。

05

职场上，没人为你的眼泪埋单

最近，一篇名为《你弱你有理》的文章引发了不少人的共鸣。

大的就得让小的，惨就该受优待，有钱人就该多付出……那些以"我弱"为理由强迫别人帮助的做法，之所以讨人嫌，正是因为人们都厌烦了"弱者心态"和"道德绑架"。

其实，"弱"从来不是用来要挟他人的，而是要让自己变得强大。

而"求助"这件事本身就是一门艺术。职场上，如何获得大咖的垂青帮助，如何获得导师的指点迷津……你要寻求别人的帮助，得首先思考如何为别人带来价值。

1967年的一天，惠普公司创始人比尔·休利特接到了一个12岁男孩的电话。休利特很耐心地接听了电话，和男孩聊了近20分钟。

男孩说："我叫史蒂夫·乔布斯，我想找一些零件来做一台频率计算器。您能给我吗？"

比尔·休利特不仅答应给他一些电子元器件，还同意他暑假到惠普工厂去实习。

乔布斯后来回忆说："我们创立苹果的蓝图就是那年夏天我从惠普学到的。"

乔布斯说：当有一个想法需要别人帮你实现时，绝大多数的人都不会拿起电话寻求帮助。这就是为什么有的人可以做事，而有的人只能做梦。

Most people never pick up the phone and call, most people never ask. And that's what separates, sometimes, the people that do things from the people that just dream about them.

学会寻求帮助是一门学问。

虽然我在 LinkedIn 上很有名，但是生活中的我却很胆小。

我不敢向上司提出加薪的请求，不敢跟我已经不爱的前女友分手，不敢向我深爱的现任求婚，也不敢让迪克·科斯特罗（前 Twitter CEO）为我的新书写一篇前言。

我有"求助恐惧症"，当我遇到困境时我害怕向别人提出请求，害怕给他们造成麻烦或被拒绝。

胆小的我是这样办的：因为不敢向老板提出加薪我干脆辞了职，为了躲避前女友我干脆搬到了另外一个城市。

这不是达成了目标，顶多只能算是鸵鸟心态。我决定不能再继续这样了。

于是我开始认真思考提出请求的"技术"，你要注意：这些方法并非都有用。

1. "问问又没损失"法，这种想法大错特错

推荐指数：一星。

很多人在请求帮助前，都会有这样一种观念：问一问，就算对方不同意也没什么损失。

当你抛给别人一个难以回应的请求时，否定的答复会让对方觉得对不住你，给予肯定的回答又违背了他们的意愿，很大可能你最终都得不到自己想要的东西，并且还破坏了你们之间的关系。

曾经有一个人请求在我的博客上贴一篇他的文章。我的博客从来没有发过别人的文章，所以我建议他去另找知名的博客，最终的结果是他写了长长一篇文章来骂我。

我并没有什么损失，但他却丧失了一切未来请求我提供帮助的可能性。

一次鲁莽的请求会给你带来负面的后果，也可能会使你丧失未来求助的机会。只有当你收起自己的玻璃心并且有95%的把握一问无妨的时候，再提出自己的请求。

2. "厚着脸皮"法，你只能拿它练手

推荐指数：二星。

打个比方，你随机在街上搜寻美女，约她们吃饭，你去问100个人，或许真的会有人同意，但大多数人都会拒绝你。

　　如果你觉得：1. 你不在意别人会对你留下坏印象，不在意别人怎么看你；2. 你的请求实在太小了。你或许真的可以试试这样厚着脸皮的战术。

　　厚着脸皮问有一个很大的好处，那就是让你走出你的舒适区。

　　试想一下，去一个远一点的超市，站在电梯口，邀请每一个经过的人一起喝咖啡，这一定会成为你人生中一段特别的记忆。

　　当你觉得每天活得太舒服了，不如厚着脸皮提出一些请求，给自己一些挑战。

3. 乞求别人帮助，这方法会越来越没用

　　推荐指数：三星。

　　你肯定会觉得，我何必要死皮赖脸地求人？

　　我曾经在华尔街上试验过这个方法：我向每个过路的人乞求，请他们给我 5 美元。结果是我得到了 1 美元，还是个无家可归的流浪汉给我的，此外有一个人给了我一份热狗。

　　所以结论是，乞求还是有点用的，虽然作用不大。

　　为什么乞求会有用呢？乞求实际上也是一个交换的过程，在你向别人乞求的时候你也在给予别人东西——更高社会地位的认可。

　　华尔街上的流浪汉，平日都是接受路人的接济，这次终于有机会去资助一个比他更没钱的人，这让他感到高兴。

　　但是对于被请求的人来说，这种被请求的虚荣感像通货膨胀一样不停贬值。慢慢地，这种方法也会失效。

　　下面是一些真正有用的求助办法，请重点关注。

4. 无压力请求法，这是请求的关键

推荐指数：四星。

请求别人而不让对方感到别扭的一个关键，是别让对方感到压力。

你需要：

① 让对方知道你尊重他说"不"的权利；

② 你可以做一些后续的跟进，这可能会加强你们的关系。

这个方法对我十分有用，我曾经试图向别人出售我的公司，结果被连连拒绝。但我没有灰心，而是每个月都会把公司的近况向潜在的买家做一次更新，直到他们开始感兴趣。

向别人传递出无压力的信号是很难的，一条可行的建议是把你的"请求"变成"请教"。

举个例子，我曾经问过一个潜在买家，"如果你是我，你会怎么做好让你的公司顺利卖出去？"或者"你觉得当我下次再向别人展示时，有什么可以改进的地方？"

通过请教，你既让别人感到没有压力，又让他觉得受人尊重。

5. "互惠请求"法，重在付出而非请求

推荐指数：五星。

其实成功求得别人帮助的办法，不在"请求"，而在"付出"。

提出请求之前，你得提早给自己铺好路。但千万不要因此而变得太功利：比如，你今天对人施以小恩小惠，明天就希望别人给予回报。

你要做的是从现在起请多多帮助别人，你不会知道一个月后、一年后，你可能需要从谁那里得到援手。

给别人帮助就像在积累势能，当你提出请求的时候，之前积累的势能（Potential Energy）自然而然地就转化为动能（Kinetic Energy）。

6. "十倍定律"请求法，思考为别人创造价值

推荐指数：五星。

这是最后一个，也是最有力的方法，特别是当它与"无压力请求法"相结合。

几个月前，我飞到亚马逊的总部，他们的内部员工带领我参观了好几个部门。

而如果我一开始只是鲁莽地给他们打电话，然后说"我想让你们带我参观一下亚马逊"，肯定没有人会搭理我。

相反地，我花了很多时间去思考我该如何为亚马逊带来价值。

我费尽心思想出了几个改进亚马逊商业模式的点子，并告诉他们"你们要是觉得好，可以免费采纳这些建议"。

几个月之后，我不出所料地接到去亚马逊总部参观的邀请，还去了世界上第一家星巴克里喝了杯咖啡。

看似很简单的请求实际上花费了我十个小时以上的时间，思考点子和挖掘亚马逊经营中的细节。

按我的"十倍定律"，如果是需要别人为你花费 10 小时的请求，你必须事先花费 100 个小时去思考如何帮助别人。

我生命中的每一个请求都是无价的，在每一次轻轻打开机会之门之前，我都要花上十倍的时间去研究如何开启它。▲

———James Altucher（詹姆斯·阿图彻）

知名投资人、创业家、写作者。

06

不要和上司谈恋爱

《奇葩说》也曾将类似的题目作为辩题，高晓松结辩时设想了以下三种结果：

第一种是上司拒绝了你，这在公司内部会相当难处，但还不是最差的情况；

第二种是俩人睡了但是没真好，这是一家公司里最可怕的事情，于双方都有伤害；

第三种是俩人好了，但是上司却面临着违背职业经理人道德的"不仁"，辜负老板信任的"不义"，难以平衡其他下属的"不智"，进退两难和决断失据的"不勇"，最终导致双方都不舒服的局面。

然而我们今天要说的是，不论看到标题的你自动脑补了谁，我都不建议你做任何幻想——且不说你还嫌弃老板不够多金不够爷们，赤裸裸的现实是，你之所以不能和老板谈恋爱，是因为你压根儿不具备这种实力跨过这五个大坑。

本文以女下属 vs 男上司为主要研究对象，其余各种搭配请自行脑补。

1. 第一大坑：他真的靠谱吗？

"十年修得赵启平，百年修得王柏川，千年修得包奕凡，万年修得谭宗明。可惜，你身边大多是白渣男。"

想和上司谈恋爱，第一门必修课叫作"尽职调查"——了解对方是不是有"重大事项"未向公众披露。

在我最初请朋友介绍男生给我时，本组高年级律师语重心长地找我谈话，告诉我不要考虑三十岁以上的男律师。

不明就里的我虚心请教了理由，对方回复：三十岁了还单身，基本上都不靠谱——不是太有事业心，就是之前没玩儿够，这两种你哪种能接受？

曾经身边人一度以为自己觅到真爱：领导是个看上去很精致的青年才俊，每天用的香水摆在一起可以搞个展览。有一天，朋友和我诉说了她的焦虑，大概是这领导和她暧昧了两个月，当她以为可以在一起的时候，对方却开始若即若离。

我听了以后立刻呵呵，因为另一个和她一个单位的朋友一周前说了几乎一模一样的话。几个月后，大家发现女主角竟然不止两个！几个女生后来聊起来真是哭笑不得，还互相安慰庆幸：这位领导的段位真的不高。就好像别的人都是杀手，你还得感谢这位领导只打伤了你的腿。

在选择和上司谈恋爱之前，请先逐一确认他是否直男、单身、优质，是否工作狂以及是否花花公子，不要觉得自己太神经兮兮——如果不做好前期侦查，你要不就客串甄嬛上演宫斗剧，要不就直接出演东野圭吾的悬疑剧，你选哪个？

2. 第二大坑：警惕以爱为名的性骚扰

恋爱的前奏总是最令人念念不忘：一句似有似无的关心，一个温暖柔软的眼神，一个不经意间的碰触，都可以让姑娘们写出一万字的内心戏。

然而有权力的地方，就不要谈平等——有真爱的期许，要先判断是不是调戏。

曾有统计显示，50.46% 的职场女性声称自己曾遭遇过性骚扰，其中41.18% 来自上司。令人遗憾的是，在中国并不是所有人都可以准确识别性骚扰。

在谷歌录入关键词 "sexual harassment + boss"，英文的搜索结果中包括对性骚扰的定义，应对性骚扰的相关指引以及女性如何保护自己的方式。

而在百度关于 "性骚扰 + 上司" 的中文检索中，前几位的结果均是论坛和网站中女性频道下的受害者口述经历。

我的姐姐曾分享过，她的美国老板从来不和她单独吃晚餐，哪怕是午餐也尽量选择公司餐厅等员工可视的公开场所。

然而在国内，很多上司并未意识到和异性下属在非透明环境内单独谈话，不恰当的身体接触，甚至对对方打响指等看似平常的举动，都可能被认定为骚扰。

即使你"幸运"地碰到一个浪漫温柔的上司，没事儿跟你搭肩摸头，称赞你的衣服真性感，恍惚中你以为是鼓励或者表达爱意，也请谨慎甄别后发送举报信息到 jubao@company.com。

3. 第三大坑：办公室恋情低效还虐心

尽管在《奇葩说》中曲筱绡叫嚣着要带着性欲去上班，这样就可以把每一次加班当作和领导的小约会，把每一次出差当作和领导的小蜜月——事业爱情二合一，省时省力又省心。

辩论这么打很有趣，但实践中这种恋爱费时、虐心又低效，极不符合经济学原理。

时间是生命，彼此相处就是"以命换命"。在有限的生命里，我们为获得利益最大化，交换彼此的生命体验和经历。

我一直相信，和别人的交流与分享是这个世界上最好的学习方式之一，而上司和爱人正是我们日常接触最多且最应学习的人。

当领导和情人角色合并时，我们将大量时间投注在同一个个体上，牺牲了从另一个人身上汲取能量的机会和可能。

三个字——不划算。

另外，如果你们的关系不公开，还要被迫花费心思天天拼演技。世界上最遥远的距离，是你就坐在我隔壁，我却要给你发微信。这种隔靴搔痒的关心，摧毁了女生在恋爱里本应享有的巨大福利——毕竟我们爱的是旋转木马，而不是整天踩钢丝。特殊的关系剥夺了我们撒娇耍赖投诉生气的权利。

倘若你认为情侣的温馨时刻还可以在独处时补救，但上班相处的尴尬和工作无法专注却实在难以避免。

《傲骨贤妻》里 Alicia 和 Will 在庭上庭下文韬武略，从学生时代延续的默契变成了两个人职场上无人匹敌的竞争力。本是出轨的戏码却让太多观众迷恋不已，恨不能让原配 Peter 退位让贤。即使在 Will 已经"死去"的两季后，编剧贴心又偏心地让 Will 在全剧终时现身，彰显其作为 Alicia 此生挚爱的重大意义。

剧里，Will 一个温暖的微笑让 Alicia 在法庭上充满战斗力；剧外，另一半投来的目光却让你不知如何理解，脑补了一堆问号——他是不是在看我？我现在好不好看？我哪儿没做好？这个人再怎么说也是我上司，握有生杀大权。OMG，我可能再也无法正常工作。

最崩溃的是，你还要每天目睹他和其他异性的全部交往过程。

恋爱中没有占有欲是不可能的——理性让我们接受对方的异性好友，但更多时候，我们只是在选择回避，眼不见心不烦。但如果对方每天就直挺挺地待在公司，你就要心平气和地观看现场直播，静静地看他和每一个异性社交。

当你某天心情大好地找男朋友时，发现他正跟某个美女同事说说笑笑。看你来了，他收敛呢会被别人发现，他不收敛呢会怕你翻脸——于是，一张冷漠脸对一张无辜脸，彼此内伤。

4. 第四大坑：恋情崩坏，受伤的往往是你

在《杜拉拉升职记》中，身为 HR 的杜拉拉得知自己的老板兼男友要被公司裁员时，在要不要告诉对方的挣扎中惴惴不安，最终触发两人分手。

无论是他向你介绍公司的发展策略、重大规划，还是你和他讨论同事们的鸡毛蒜皮、绯闻八卦，每时每刻都要挣扎——要不要和对方共享，这个尺度很难拿。

在理智与情感、专业和私密的权衡中，你确定你可以避免利益冲突？

无论公开与否，你俩成为众人好戏自不用说。而他还有权决策你的休假、加薪、晋升、辞退，任何决定都影响着他和你、他和其他下属、你和其他同事的关系。如果因为你们避嫌而导致你的事业发展缓慢，你只能自担风险，没有人能帮得到你。

很多人喜欢将上司与下属的恋爱模式类比师生恋，但实际上，二者的复杂程度不在一个量级：

老师给你第一名，别人还可以争第二名；上司让你晋升，其他人就没有机会。

老师可以让你挂科，却很难以一人之力阻碍你毕业；但上司如果要公报私仇，找个理由就能把你辞退。

老师掌管不了你的精神自由，但老板却能威胁你的财务自由。

即使这样，老师对学生的不齿行为会招来学校和全社会的鄙视，因为人们坚信，老师在用权势欺凌纯洁少女。

上司对下属的流氓行为却会招来公司和全社会的猜疑，因为人们更愿意相信，是下属借姿色上位，勾引上司为己牟利。

邓文迪和默多克在一起时，我们显然更关注这个女人究竟靠什么上位；分开时，我们热烈议论她如何被扫地出门，如何相由心生，面目可憎；拥有了英国小鲜肉，我们则切齿恨道：报复前夫。

在克林顿和莱温斯基的丑闻中，我们对女方充满了浓浓恶意，而对男方的争议更多局限于谎言本身。

而当希拉里竞选之时，竟有人发推文称："How a Hillary Clinton presidency could satisfy America if she is unableto satisfy her husband"（希拉里连丈夫都无法满足，怎么能够让美国满意？）——曾经美国最高领导人和办公室实习生的偷腥，最终被归咎于两个女人的错误。

5. 第五大坑：为什么牺牲的总是女人

"谈得成一个得走，谈不成起码走一个。"

我们都希望像柳大尉和姜医生，谈一场势均力敌的爱情。

可你和给自己发工资的人在一起，如何保持经济独立？你和每天拍板的领导在一起，如何和他谈事业追求？你上班回家都和他沟通，如何有时间空间独立思考？

即使你们的关系已经稳如泰山，谈婚论嫁，于公于私权衡之下，你们都会选择有一个人离开公司。而正常情况下，谁都不会让一个挣得比你多，地位比你高的人跳槽或者辞职。

我的朋友，清华经院的美女，26岁选择和老板结婚，继而回家生子；我的师姐，某红圈律所资深女律师，36岁选择和合伙人结婚，然后放弃工作——双方甚至不需要经过多么深刻的讨论，就自然而然地共同选择牺牲女方。

一个成功的男人背后总有一个默默支持他的女人。一个成功女人的背后总有一段失败的婚姻——此处请注意，不是一个默默支持他的男人！

　　成功的事业与成功的办公室恋情双收，对女人来说仍然是奢侈品。幻想被老板壁咚，不如偷偷修炼——觊觎他的职位或许更容易呢。

　　最后，仍然是高晓松的那句话，"不仁不义不智不勇"。

　　好男人不会这样，会这样的男人你也不喜欢。▲

——美滋滋

就职于某知名内资律所，主要从事诉讼及公司业务，同时拥有心理学学位。

第六章

Chapter 6

高效能人士的职场七问

精明的职场人不仅能够做好当下的工作，还能不断提升自身优势，树立自己的职场自品牌，将自己变成职场里不可或缺的人才。工作的主动性、熟练运用一两门外语、管理情绪、自我投资等，都是帮助自己精进的利器。在薪资和职位上要求上一个档次时，不妨先问自己七个问题。

01

可以驾驭你的工作吗？

打开个人号或者公众号，不时会看到朋友们的倾诉和交流。不少小伙伴会问一个问题：时间管理要怎么才能做得好？

这个问题比较笼统，或者说比较大而泛。而更有趣的是，我并没做时间管理。我管理的是行动，不是时间，发现了吗？

我一般都讲行动管理。时间本身不能管理，你管不管，它都在那里。用"行动管理"这个词，在于强调人的主观能动性，咱们自己的行动自己负责，我们能管的是自己的行动。

当然，现在比较火的词是"时间管理"。所以我讲行动管理，请您自动切换到可以理解的模式。

关于前面提到的行动管理怎么做得好的问题，我把它落实到每日行动之上，跟日计划的制订与执行紧密相关，这样的话，这个问题的实质就是关于每日行动的效率问题，即每天如何做得更快更好。

如果你总是在各类公众号上不停地阅读这方面的文章，也很容易能发现，其"心法"无非那么几条。

抓住"心法"等同于抓住了最基础的关键部分，有"牵一发而动全身"的事半功倍之效。那么，都有哪些"心法"呢？

1. 主动收集

生活中你有这种体验吗？

有时候冒出很多可以行动的想法，过个一两分钟你却拍脑袋：咦，我刚才想什么来着？

灵感、想法像你大脑森林里的小鸟一样，东跳西蹿，你只是一瞬间看见了，如果没有抓住，它们就飞走了，下一次不知道什么时候才能看到。

如果这是一个很好的做事方法、点子、想法呢？

错过了，未免太可惜，太遗憾！

所以，在行动管理中，首先要有积极主动的心态。偶然想到要做的事，先要向它伸出双手，大力"拥抱"。

与积极主动的心态相对的是，在想到要做的事时，假装没看到，自己抽身跑得远远的。

假装没看到，现在没啥问题，过一段日子后它又找上门来时，就是债主来讨债的节奏，分分钟急死你，因为实在变得太紧急了。

然而，一个更震惊的真相是：

之前那个"假装没看到"的行为，很可能不是你能意识得到的，而是潜意识帮你悄悄地做了决定。

比方说，你看到我的文章里说了某个观点，眼睛突然像灯泡一样亮了起来，好像有那么些道理，你点点头"嗯"了一声，脑袋闪过念头说"要按照文章里说的做"。但是你没有意识到应该把这个念头收集起来。那过后这个念头能不能"变现"就靠运气了，就得等猴年马月某一天这个念头再次突然降临。

也就是说：当时事情还不怎么紧急，你根本没有察觉到什么该写下来，完全没有领会到精神，所以真正麻烦的问题是出在这里。

2. 思考为先

主动收集到的行动想法，你需要对它进行二次创造。

史蒂芬·柯维在《高效能人士的七个习惯》中提到：

"任何事情都有两次创造，一次是智力创造，一次是体力创造。"

如果你看过这本书，还记得有这么一句话吗？或许不经意间，这句话一闪而过，没有任何雪泥鸿爪的残存。

这句话的寓意是很深刻的。它提到了"智力创造"，并且把"智力创造"放在了"体力创造"之前。而多少人并不重视行动前的"智力创造"，没有先想后行、先思后做，却只想"体力创造"，拿起事情就立刻干？

没有以思考为先，人很容易累，得到的回馈也少。所以，行动之前，要腾出时间，对要做的事情掂量掂量、算计算计。就像射箭，在拉开弓之前，你还要再静心瞄一会儿红心才放出箭。思考为先，就是瞄准红心的那一步。

思考为先，都思考些啥呢？比如这个行动：

哪些要做

为什么要做

做到什么标准

可以交给谁去做

要花多少时间去做

要怎么样才能做得巧

要放在什么时间段去做

要以什么形式做才不拖延

……

可惜，思考这一步常被我们无意或有意地忽略。

无意忽略：可能是因为不知道应该先思考再行动，或者以为不重要，觉得与其想那么多，不如把时间花在"做"上面。

有意忽略：主要是心里觉得有难度，烧脑烧得累，不如直接逃避。但"思考为先"这一步不但不能省，而且分量还挺重，有时候不夸张地说，可以八成"想"，两成"做"。如同炒菜做饭一样，前面那些择菜洗菜切菜的时间分量重，但洗得好，切得好，真正等到菜一下锅也就翻炒几分钟便熟了。

3. 清单提醒

通过思考，想清楚自己真正要做些什么，真正能做些什么之后，就知道自己的行动了。但是知道行动，不等于时时会记得呢！

因为大脑并没有那么管用，它记不住那么多事，记挂太多反而让它难受，会充满了焦虑感，感觉到这个事也要干，那个事也要干，真怕忘记了哪一件，想想都醉了。

我们要想办法让大脑记住要做的事，并且不累：写下来变成清单，是一种好方法。

举个日常的例子，去超市里购物，如果光靠脑记，没有列一份清单提醒自己，我八成会漏掉一些东西，明明去之前还觉得那些东西肯定会想得起来，但一到现场就犯晕。

当然，列成清单就不要写得乱糟糟，要有条理性，要有整齐感，看着也舒服；清单不止一份，要分类成几份，哪些是今天待办的，哪些是下周的，哪些是更长久的；而且清单的内容要表述得清楚，是一份有结果导向的清单，更为明确预期结果的任务，动力才足，才可能采用更精准的行动去搞定想做的事。

这些待办清单，英文为"to do list"。就算再多行动，有这些"土豆"清单在手，大脑会觉得有个提醒机制，有个坚实靠山，心里会踏实点，也就不会整天担心忘了什么。

4. 要事第一

有清单提醒，防止忘记，可以开始执行行动。但清单上的内容那么多，不可能同时做，总要有个先后顺序，有个执行的流程。

从哪儿开始做呢？

美国博恩·崔西在《吃掉那只青蛙》中给出了答案：

"如果你每天早晨第一件事就是吃掉一只活青蛙，那么你会欣喜地发现，今天没有什么比这更糟糕的事情了；如果你必须吃掉两只青蛙，那就先吃那只长得丑的。"

这里的"青蛙"用来指代有挑战性（有难度）且重要的事。形象点表述，就是那些一眼望过去很重要，但你第一个念头是"不想干"的事。

所以每天的行动从哪里开始？就从这只"青蛙"开始。这也和《高效能人士的七个习惯》中提到的"要事第一"吻合。如果每天能够优先吃掉三只"青蛙"，优先做完三件要事，即使其他小任务没有完成，这天依然会成就感爆棚的！

那什么是要事呢？

不少小伙伴懂得"要事第一"的原则，但最后是晕在另外一点上——判断不了什么是"要事"。几件事摆在一起，说不清哪件更重要。这种现象很常见，你是不是也曾经有过这样的苦恼？这里涉及目标管理的范畴，一般人都会从下面三个层面中的一种去判断。

立足当下：要事是当下重要紧急或重要不紧急的事；

立足年度：要事是跟你的年度目标契合的事；

立足长远：要事是现在持续做并在未来有收益的事。

显而易见，从第一种到第三种，站位越来越高，当然更有方向感，能够让你做事气定神闲、心如止水、淡定从容、泰然自若。

5. 专注当下

明确了要做的事，剩下的就是专心致志地做了。别以为专心致志很容易办到，如果平时你观察一下自己做事的模式，就会发现人的行动是随机的，特别是你没有察觉和刻意去调整，则更是如此。

有时候你正在网上搜索着某个感兴趣的内容，突然浏览器就弹出个新闻广告窗，什么"猴子换头手术成功""央行探索数字货币"，你一看眼睛就亮了，马上点进去看。等回过神来，都忘了一开始自己是在做什么事呢。

还有的小伙伴，可以手头上做着一件事，心里却总是记挂着另外一件事。说白了，就是走神。从远古的基因来说，我认为这和古人类在野外需要警惕野兽有关，需要这种"走神"的习惯，才能及时发现威胁。

所以在行动管理中，培养专注力是很重要的。专注力要高，前提是你的睡眠要足，睡得不好，精力不够，自控力就会下降，专注力难以持久。在精力足够的情况下，就是方法问题了。

最著名的方法就是"番茄工作法"，是由弗朗西斯科·西里洛于1992年创立的一种简单易行的提升专注力法，也可以说是一种对抗拖延症的方法。这种方法的详细背景可以搜索了解。

它的主要做法是选择一个待完成的任务，将番茄时间设为25分钟（时间也可调节为适合自己的长度），专注工作，中途不允许做任何与该任务无关的事，直到番茄时钟响起，然后在纸上画一个X短暂休息一下（5分钟就行），每4个番茄时段多休息一会儿。这种方法以时间的紧迫感强化专注力，虽然简单，但真的挺管用。

6. 批量解决

在行动管理当中，还有一个小窍门，是从快递员那里偷师来的。

现在快递业这么火，几乎每个人都曾经从快递员那里接过东西吧。快递员是怎么送货的呢，他们是将寄件按区域分类后再投送的，属于同一个住宅小区的物品都会一起送达。这就是批量解决的方法。

我们同样可以用这种方法，减少行动间的切换成本，提高效率。比如需要"智力创造"时就将需要思考的内容一起解决掉，等到"体力创造"时，便专注于做的过程，而不需要再思考太多。

比如同一个环境下的任务接连完成，要外出办的事在外出时一起办了，要用微信时将需要用微信解决的问题一次性解决掉，可以减少时间被碎片化的可能。

工具品种可以五花八门，但在方法上主要就这么几点。其中，前三个偏向于行动的准备，后三个偏向于行动的执行。

最后，我给它们编了个口诀——

行动管理有心法，

说来说去就六样。

主动收集少遗憾，

思考为先少迷茫。

清单提醒少遗忘，

要事第一少蛮干。

专注当下少怠慢，

批量解决少切换。▲

——发愤的草莓
爱手绘的自我管理达人，85 后上班族双娃辣妈，2016 年底出版第一本个人新书。
微信公众号：发愤的草莓（ID：neverstop201508）。

02

还在消耗你的意志力吗？

能够让你跳出"安排时间"陷阱的，是寻找"不消耗意志力"的方法。

时间管理是个坑，精力管理是个大坑，自制力更是个巨大的坑。

任何需要依靠"自制力"的事情，最终一定都会失败——因为，我们根本坚持不了。

1. 早起毁一天——早上消耗了全部的自制力，哪儿还有精神资源来过好一天？

曾经，我也是一个"上班族"，每天朝九晚五，总想着要么从早上抠出一点时间，要么从晚上抠出一点时间，来读书，来冥想，来跑步。

不不不，不仅如此，还要恋爱，还要写作，还要投入时间去做自己感兴趣的事情，还想要准备创业的项目。

我发现想做的事情那么多，然而万恶的朝九晚五留给我的时间却这么少，我该怎么办？

我曾经是个 5 点起床的人，但能做到这点的先决条件是——我在广州，今天温度接近 20 摄氏度的广州。

以前在杭州或者成都的时候，早起是完全不可行的，即使早起了，非常低的气温，漆黑的天气，只会让我在那一整天都浑浑噩噩。

我曾经试图每天晚饭后跑步，换好衣服，跑步回家。

后来，改成了早上 5 点起床，6 点钟到健身房做体能训练，和一大帮老外在一起。也只有疯狂的老外和拳击训练能有早上 6 点的课。

但你知道，每一次练习完毕，虽然浑身舒畅，我那一天却很难从事高难度的创造性工作。

早起是好事，但是过度损耗意志力的早起，是得不偿失的事情。

让我再重复一遍——早起也好，跑步也好，读书也好，冥想也好，任何事情只要"过度占用你的意志力资源"，其失败的概率就会被无限放大。

毕竟，我们要做到这些，使自己的方方面面都完美，仍然是为了能让自己在事业和生活上都有所进步，而绝不能本末倒置。

2. 心态的陷阱——贪多，为了读书而读书，为了冥想而冥想

很多人在时间安排上的最大问题是：试图每一天都固定做几件事情，而且集中在一整段时间中来做。

然而，这只会让人非常疲惫，而且在每一件事情中的兴奋感降低，最终得到的效果更差。

不知道你有没有一种感受，读书效果最好的时候往往不是固定时间，而是随兴所至。

今天拿起一本好书，爱不释手，一天之内读完，不住赞叹，是最美好的体验。

如果硬要我每天只读 40 分钟，而且固定时间，我往往不能进入读书的状态。精神的、认知的活动，不是线性的，而是有忽高忽低的种种状态和波澜，你要顺着它，而不能让它顺着你。

越努力，越失败。

越无为，越快乐。

我不为读书而读书，很可能是只有在想到某个问题，需要答案的时候，才会集中起来进行相关阅读，为了解决那个问题来读书。

我睡前只会读一些消遣的读物，真正的读书全是集中两三天，通读好几本，在周末甚至是工作日（因为有时候读书是为了解决工作中的问题）。

冥想，也是我坚持许久的习惯，但我会更加有针对性地冥想。

比如有时候早上会冥想，是因为前一天没有睡好，有些起床气。

晚上若是心思烦乱，也会冥想。但也并不给自己设定时间，有时候十几分钟达到效果了，就撤，该干什么干什么去。

有时候 30 分钟到了仍然没进入状态，也就放弃，该躁就躁。只是接受它。

读书也好，跑步也好，冥想和早起，重要的不是"做那个行为"，而是"通过那个行为"，获得我们所想要达到的本质和心态。

3. 弄清楚"目标—手段—执行意图"——为了达到同样效果，是否有更节省意志力的方法

我不通过跑步来锻炼，我喜欢去健身房，练瑜伽和打太极，是因为我不用动脑子，跟着老师做就可以了，极大节省了我的"自制力"资源，也同样能达到锻炼的效果。

我不必自己读那么多书，我可以花时间和金钱，去上课，去听人讲，甚至很多书可以看看书评，就大概知道它讲的是什么。这节省了我的时间，又同样能够增加我的见闻。

我不强迫自己早起，因为我明白，重要的是提高一天当中做每一件事情的效率，因此要保证自己 8 小时左右的高质量睡眠。我不因为不能早起而憎恨自己，我选择理解自己，并且帮助自己在一天中过得更好，通过种种方法提升自己的睡眠质量，从而让自己的精力更加充沛。

我不强迫自己每天打坐冥想，我知道自己有很多重要的事情要做，重要的是，我能否一直保持"正念与专注"的状态——在每一件事情上。冥想，只是一种让我们的身心连接、回归当下的过程。

其效果类似于深度创造——写作或者绘画中，产生的心流状态。所以我活在当下，该工作的时候认真工作，该在知乎回答问题的时候，就认真回答。时刻清醒，时刻反思，时刻保持正念。

4. 为了让自己幸福——帮助自己去完成更美好的事情，同时赞美自己

太难执行的任务，只会让我们增加挫败感。

好不容易完成了一天的计划，第二天就糊弄过去，让人的内心会有超强的挫折感。

其实，明明是为了服务自己、帮助自己，为什么要搞得这么难受呢？

接纳自己，不要责怪自己，和自己玩个游戏，让一切变得有趣起来。

而我能送你的唯一一个词是"Enjoy"。

真正 Enjoy 生活中的每一个当下、每一件事情，全情投入，尽情挥洒。生活中遇到的每一件事情和每一个人，都是一本值得细细阅读的书。

上下班时小步快跑，偶尔伸个懒腰，也是不错的锻炼。让自己吃好睡好，真正活在当下，就是之于生命最美丽的冥想。

别把生活，

过成一场战争。

让它成为一条甜蜜的河流。

让自己深深地喜悦和赞叹于，

每一个当下。▲

——学霸猫
轻松冥想创始人。

03

已经掌握一门熟练运用的外语了吗？

有研究表明，在非英语国家，能熟练运用英语，可以提高 25% 的收入。

除了薪资外，掌握好一门外语能给一个人带来多大的益处，你真的了解吗？

机会正越来越多地留给那些掌握一门外语的人。

《世界商业杂志》曾报道："英语能力对于公司内部的升职非常重要，很多人表示，对于应聘也有用。"

作为商业领域的通用语言，在职场上，英语水平高的人能更大程度地参与公司决策。

除了功利的晋升机会，外语能带给你的，更多的是开阔的眼界。

如果你的外语水平不足以日常阅读，那么中文信息世界的边界，就是你的知识边界。

还是拿英语为例，英语是真正全球化的语言：英文内容占全球互联网内容的 55.4%，而中文仅占 4.6%。

也就是说，**英语带给你的，是全世界的思想精粹，是浩如烟海的信息量。**

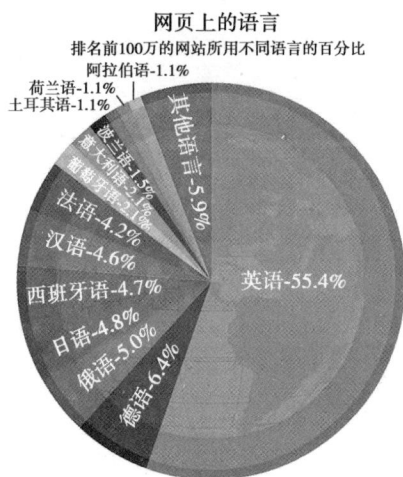

网页上的语言

排名前100万的网站所用不同语言的百分比

阿拉伯语-1.1%
荷兰语-1.1%
土耳其语-1.1%
波兰语-1.5%
意大利语-2.1%
法语-4.2%
汉语-4.6%
西班牙语-4.7%
日语-4.8%
俄语-5.0%
德语-6.4%
其他语言-5.9%
英语-55.4%

无论是借助英语大量吸取某一领域的知识，从事更有创造性的工作，还是对信息进行收集、加工和再次贩卖，英语都提供了很好的路径。

目前，无论是精尖技术，还是文化产业，都还是国外在前。虽说热门的东西总会有人去翻译，但等别人翻译好了，时效性上就落后了好几拍。

举个最接地气的例子，微博的段子手、微信的大号们，其内容几乎都是国外搬运来的。就靠着这些，段子手、网红们年收入几百万。

况且，翻译过来的东西，也是被筛选和转译过后的二手材料了。

不会外语，你的竞争力会落后他人一大截。

当你能清晰地表达自己后，没人再敢不尊重你。

前一阵，中国姑娘在英国维珍航空上被白人辱骂、被航空公司主管威胁赶下飞机的事件闹得沸沸扬扬，暴走漫画创始人王尼玛讲述了自己一段类似的经历：

在一次航空旅行中，我身边坐着一个中国青年，青年前面坐着一个外国人。因为外国人放了椅背，青年很难在狭窄的空间里用餐，空姐用夹生的英语建议外国人调整椅背，却遭到了老外的粗暴拒绝。

青年说："没关系，真没事儿，我不懂英语也没办法交流，而且也没怎么着，面也吃完了。要道歉或感谢这位朋友（指着我），是他刚才使劲儿跟老外理论。"

空姐领班转过来也歉意地对我说了差不多意思的话。

我挥挥手说："我什么忙都没帮上。他说调直椅背不是法律里的……"

还没说完，老外伸出了右臂和两根手指，招招手示意空姐过去，然后对空姐用英文说：我刚才说的，你能确保这个人（他用的是"guy"，我假设对我没有恶意）都听懂我说的了？椅背我想放下就放下，这是我的事儿，没有法律规定一定要这样。去，给那个人翻译一下，确保他听懂了。"

领班明显没有听懂，一个劲儿跟他点头说："Yes. Yes. Yes."

我又不能忍了，点点他的肩头说："我觉得问题不是这个事是否在法律规定里。飞机上你能礼貌一些或者考虑一下别人吗？对你，我没有什么恶意。"

他说："这是我买的票，在我的座位上，我想怎么做就怎么做。我想放下椅背你为什么管，关你什么事儿？"

"你刚才连续说Shut up伤着我了，我想起诉你人身攻击。"我被他的态度惹得有点发毛。

"有种来啊！是你过来多管闲事儿，我看你到底能做什么。"他的嘴唇摆出要说f*ck的样子，上牙咬住下唇，但终究没说出声。

我谢谢他的机智。

如果他真的说出口，指不定我就热血上头了。

很多网友对此的评价是："这件事坚定了我学好英语的决心啊，怎么讲，当面撕用表情包也不太方便。"

而维珍事件在网络曝光后，大量网友拥入维珍航空的官网，发表维权言论，要求被公正对待，中外目击者的言论也被多次转发，推动了这次维权事件在英语网络社区的发酵和扩大。

语言交流有障碍，面对挑衅心生怯意，受到欺负也不敢反驳，只能息事宁人。

我们提高自己的英语水平，不仅是出于掌握一门通用的语言的需要，更是接触中外思维差异与世情法则的重要路径。只有了解，才能避免自大与自卑。

语言，是对待体面人的礼仪，对待野蛮人的武器。

当你能够无障碍地和外国人沟通，而不是绞尽脑汁满脸通红地想这个词该用什么翻译，或对方尴尬地放缓语速时，你们才算是真正开始了解彼此，你才算真正开始了解对方的文化风俗、走进他们的世界。

只有这样深入地去理解他人的语言、文化、世界，你才是站在塔顶看世界，你对整个世界的全貌才有更清晰的认知。

这时的你，才开始拥有一套自己的完整的世界观体系。▲

———瞳瞳

带领 LinkedIn 微信订阅号团队 2 年时间，收获 140 万关注；200 万 + 阅读爆款文章制造者；带领 LinkedIn 成为职场类公众号 TOP1，企业类公众号 TOP1，头条文章平均阅读量超过 10 万，为职场人士指点迷津。

04

你是一个称职的职人吗？

说到专业和正能量，我想起最近很火的国产电影《百鸟朝凤》。制片人方励为求更多排片量惊天一跪，使得这部小众文艺片一时成为万众瞩目的焦点。

尽管舆论纷纷批评不该用道德绑架以商业为目的的院线，还有影评说片子就是没有《美国队长3》好看，但我还是要在这里为这部影片打个广告，只因和众多动不动就打胎的青春片、粗制滥造的恶搞喜剧片相比，一老一小两个唢呐匠的眼神就足以让人热泪盈眶。

真心觉得，打动人心的不是情怀，催人泪下的也不是传统文化在城市化进程中遭遇的惨境，而是唢呐匠在学艺过程中日复一日对技巧的雕琢和练习，而这种磨砺反过来又塑造了一个人的人格和精气神。

这样的人有一个令人肃然起敬的名字：职人。

1. 认真让你的工作充满意义，职人之所以迷人在于专注

为什么上班都是坐着，还会感觉疲惫不堪？

对于这个问题，领英专栏作家、知乎大 V 肥肥猫回答道：

根本原因在于，你其实心里很清楚你每天做的事情毫无意义。

年轻时我们谁没有对远大前程充满幻想，但随着斗志在日复一日的上班下班中被消磨，我们丝毫感受不到工作的意义。

我们远远地看着 CEO 在台上激情演讲，而自己这颗普通岗位上的螺丝钉，永远也不会有像他那么闪闪发光的那一天。工作，不过是养家糊口的手段而已。

但"职人"的大受追捧替我们回答了这样一个问题：普通人如何在平凡的工作中实现自我价值？

说起职人，一定会提到日本的"寿司之神"小野二郎。纪录片《寿司之神》出名后，他的店已经被神化成一个传说：提前一个月预约，3 万日元（约人民币 1 900 元）起，顾客吃什么全由当天买到的食材决定，等等。

同样是寿司，为什么普通店里吃一顿只要 1 千日元，"寿司之神"要 3 万，你还得热泪盈眶给它做宣传？事实上，我周围就有日本朋友去尝过后说，没觉得比筑地市场里的寿司店好出太多。

如果说普通吃货吃的是味道，内行吃的是门道，那么在小野二郎那里，你则是在为一种叫作"职人气质"的价值付费。已年逾九十的小野二郎有一段著名的感悟：

我一直重复同样的事情以求精进，总是向往能够有所进步，我继续向上，努力达到巅峰，但没人知道巅峰在哪里。即使到我这年纪，工作了数十年，我依然不认为自己已臻至善，但我每天仍然感到欣喜。我爱自己的工作，并将一生投入其中。

"职人"原本是指执着于一门手艺的精进并不惜金钱和时间成本的人，小野二郎的这段话被认为是"职人气质"的最佳解读。

《百鸟朝凤》里有一幕很感人，是小学徒游天鸣拜师后，整整两个月里连唢呐的影子都没看到，一直用芦苇管在芦苇荡里吸水。

相比师弟蓝玉，天鸣资质平庸，愣头愣脑，却被焦三爷选为继承人，最后将象征人品尊贵、德高望重的曲子《百鸟朝凤》传给了他。

焦三爷看重的，是天鸣的踏实、敬畏以及骨子里端正的品行。

如果说时代的更迭令人扼腕，唢呐逐渐为世人鄙弃更让人倍感孤独与凄凉，那么天鸣对唢呐、对师傅、对父亲的敬畏和愿意坚守的品性难道不是永不会过时和值得敬重的气质吗？

2. 职人不是情怀，是日复一日的传承与坚持

东京银座有家名叫 Cafe deL'Ambre 的咖啡馆，门脸不大，老板关口一郎已经 101 岁。

这家店 1948 年开业，60 多年来店里没有果汁，没有牛奶，也没有甜品，菜单上有且只有咖啡这一种饮品。

关口一郎一生未娶。为了保持咖啡豆的新鲜程度，他每次只烘焙小批量的豆子，每天三次，坚持了半个多世纪。

即便是这样，他仍然觉得自己只是一直在接近，却还没能做出咖啡最纯粹的味道。

几乎所有的日本职人故事的背后都有这样一个逻辑：在他们眼里，自己就像荷马史诗中最善跑的英雄阿基里斯，一直在追赶一只乌龟，无限接近，却永远也追不上。

所以在日本街头有很多百年老铺，生意父传子、子传孙的比比皆是。随便走进一家酒吧，和老板稍加攀谈，就会听说某一款酒是村上春树的最爱，或者北野武也常常光顾等，而家族事业的继承和纠葛，不用多加修饰已经足以拍一部《我家的历史》。

创造了"日本奇迹"的420万中小企业，超过百年以上的老铺企业超过10万家。在韩国中央银行对世界41个国家的老铺企业做的统计中，有200年以上经营历史的共有5 586家，其中日本占3 146家。

支撑这些百年老铺的，正是"职人"。

职人精神之所以宝贵，精髓在于坚守和传承。不过，到了中国，职人精神摇身一变，和"情怀"捆绑销售，成为某英语老师转行做手机和某"城市代步专用自行车"漫天要价的噱头。

情怀卖座的时候，人人都想靠情怀火一把；职人精神风头正盛，就急急忙忙给商品打上"匠人"标签。可是另一方面，中国人却在国外爆买，从电饭煲化妆品到大米马桶盖，出一趟国恨不得把人家的超市整个搬过来。

等过几年，情怀没法忽悠了，"职人"卖不到钱了，又该扛什么大旗呢？

3. 职业没有高低贵贱，职人精神让普通变得不普通

最近坐公交车上班，有一两次出门晚了，遇到一个 40 岁出头的女售票员，在任何意义上都是司空见惯的售票员的反面：

"劳驾了您往里走小心别磕到""那个玩手机的姑娘坐下吧有个空座儿""麻烦您给老人让个座儿谢谢您了""别着急往门口走，红灯很长您可以再多坐两分钟""拐弯了拐弯了劳驾您等会儿再过红绿灯"（对车外行人）……

售票员这个岗位，要多平凡有多平凡。365 天的转圈圈和往返重复消磨了职业的成就感，刷卡机的存在也让他们变得可有可无。在北京，因为部分售票员对外地人的歧视和恶语相向，更让人对这个职业没有好感。

可是她人到中年略显臃肿的身躯、被日头晒出了雀斑的脸庞，以及相比之下脆生生明亮的嗓门却让我生出敬意；她不厌其烦的一声声"谢谢您了"，因为一直在笑而露出的一口白牙，和或戴耳机或看电子书或两眼无神地望向窗外的一张张麻木的脸形成了鲜明的对比。

真正的职人把简单的事情做到极致，而不在乎所从事的事业是否多么伟大。真正的职人，做再普通的事也会不普通。

中国也并不缺乏职人。2015 年的中国－东盟博览会上，来自河北邯郸肥乡县沙窝村的 85 岁中国老职人程金庆引来观众赞叹连连。

他坐在 1.7 米高的大旋床上，双脚上下踩踏，手中的刀具灵巧游移。不一会儿，四个套在一起的木碗在他手中逐渐成形。

　　沙窝村木碗"套旋"制作技艺祖祖辈辈口传身教，至今已有 300 多年历史。程金庆老人 17 岁开始学习，是沙窝村目前仍然在世的 6 位老职人之一，做了一辈子的套旋木碗。

　　原来平凡的职业可以这么不平凡。有一种热泪盈眶，叫作职人气质。

——Cheryl
曾经的媒体汪，现在的市场狗，比市场狗更懂媒体，比媒体汪更懂市场。

05
你会管理自己的情绪吗？

馒头商学院的小伙伴曾向我提了这么一个问题：如果你只能给职场新人上一节课，你会想聊什么？当时我几乎不加思索地脱口而出，我想聊聊情绪管理。这个话题对职场新人，特别是如我一样的职场女性来说，应该是进入职场的第一门必修课。

无论希望在现在的职场，或者在未来的创业中有所成就，我个人都建议，要有意识地提升自己的情绪管理能力。在我看来，我身边优秀的职场精英，不一定都是高智商人士，但是几乎百分之百都是高情商人士。在我的职场经验所得里，我个人甚至比较偏激地认为，情绪管理是决定事业发展最重要的因素。

面对职场宠辱不惊，是一个非常难达到的境界。想想我们身边，或者我们曾经有没有过这样的经历：入职前踌躇满志，誓言要不怕苦不怕累，积累经验，吃苦耐劳，但在实际的工作中，稍微加加班，承受点压力，就立刻以"真是挣着卖白菜的钱，却操着卖海参的心"这种心态来抱怨压力。

我们为什么容易情绪失控？

我们很容易卷入到情绪中，有强烈的情绪反应，而这些反应其实主要和以下四方面有关系：

第一，强烈的情绪反应，其实是源于人动物性的本能。人在天然属性中下意识的自我保护和反应，使得许多人在面对职场压力时，不由自主，不经大脑加工地释放出许多消极的情绪和行为，无论是主动还是被动的情况下，这种消极情绪形成了职场暴力中的一部分。

第二，根据引爆点理论里的环境威力法则，情绪是具有传染性的。不可否认，情绪的传染性非常强，我们非常容易受到对方或周围人情绪的影响。而且经常还是在自己没有察觉的情况下，已受到了很严重的影响。

第三，缺乏充分而科学的职场情绪训练，将下意识的本能反应不经处理就作为盛怒之下的情绪反馈。国人的情绪管理，其实在义务教育体系和职业教育体系中都是比较缺失的，以前的大锅饭、终身制的就业体系，使得职场情商并没有引起足够的重视，情绪波动似乎也不会造成过多的职场负面影响。但是随着社会就业结构的调整，职场情商对于职业生涯的重要性越来越不言而喻，以盛怒之下的个人基于感性思维做出的直接反应作为职场应对，实在是一件非种不职业、不恰当的做法，而且十有八九缺乏判断，并且情绪容易过激。

第四，缺乏完善的自我认知，或者叫自我效能体系的构建，易被人云亦云激怒。自我效能感是美国心理学家提出的一个概念，指的是人们对自己是否能够利用所拥有的技能，去完成某项工作行为的自信程度。而这种自信是基于自己价值和能力的一种认可。而且这种认可很稳定，很难会因为外在的否定意见或批评的声音而改变。

基于随处可见的职场情绪失控的场景，在这里，想介绍一些我自己情绪管理的办法和 tips，主要是针对三个阶段：

第一个阶段是发生冲突时；

第二个阶段是情绪出现之后如何将情绪宣泄掉；

第三个阶段是从长远的角度，通过理性思维的训练和提升自我价值感，来增强个人的情绪管理能力。

1. 面临冲突的当下：两个方法

我们先从第一个阶段来开始说，在盛怒当下的情景里面，面临冲突的情况下，我一般建议通过两种方式控制自己的情绪：一种是控制生理的状态和节奏，我们常说深呼吸，其实就是这样一种生理缓冲的方式；第二个是中断情绪，转移注意力，我自己把它叫作 48 小时禁言的原则。

我在初入职场的时候，犯过这样的错误，经常头脑一热，当下说出一些过激的话，做出过激的反应。一来二去之后，我就给自己定下了一个铁律：在盛怒的情况下，无论对错是由谁引起的，到底究竟事实是怎么样的，我都要求自己 48 小时不去面对这件事情，不说话，给自己一个非常严格意义的禁言原则。当事情过了 48 小时之后，再做出反应。

其实情绪是一个逐步累积的过程，到达高峰之后，情绪的强度就会下降，因此可以通过转移注意力来中断情绪，避免情绪进一步膨胀，从而达到控制情绪的目的。所以我们建议，你在盛怒的情绪之下，应该暂时离开当时的场景，让自己冷静。在无法离开的时候，强制性地要求自己保持沉默，这种沉默不是懦弱，而是一个理性的情绪化的梳理，以避免自己出现过激的反应和行动，造成无法挽回的后果。等待自己情绪平稳之后，再沟通并进行下一步的处理。

2. 情绪宣泄：情绪日记

第二个阶段就是我们情绪出现之后的宣泄。通常对于已经出现的情绪，大家会用一些常规的方式宣泄。比较常见的，对于女生来讲就是吃饭、唱歌、购物，这样的方式会有一定的效果，但是并不能从根本上达到宣泄的效果。我记得前一阵子，有一些宣泄的工具、宣泄的玩具，让人去大喊大叫，或者手持着棍棒，打击攻击对象的物品。我记得当年富士康出现十三连跳之后，就设置了这样一个宣泄室，然后让有心理压力的员工在宣泄室里解除自己的压力。在淘宝上也有这样的店铺，去卖类似的一些产品，这也是心理辅导的相关产品。

还有一些我个人觉得很不错的方式方法，比如说情绪日记。我曾经在家庭生活里面用过这样的方式。我也曾经有过一些和父母起冲突或意见相左的激烈时刻。大家都知道，对于最亲近的人，你往往在当下的反应里面，容易脱口而出对他们进行伤害。在和父母闹得比较僵的时候，我就采用了这样的方式，去写日记，或者写信。在家庭内部，尽管我们天天能见面，但用写信的方式去交流，用理性的方式去梳理想要沟通的内容，效果非常好。

3. 情绪平复：训练理性思维

我们来讲第三个阶段。当情绪平复了之后，我们如何训练理性思维，提升自我的价值感。第一个是学习复盘的技术，培养理性的思维。其实在整个情绪平复了之后，再回顾冲突案例，我们会发现，抛开个人的情绪，对整个事件进行重现，以客观和冷静的态度分析事件中的所有人的表现，是一个更有价值和更有建设性的学习方法。

剥离了语言的攻击性，重点是要对自己当时的情绪和行为，进行一个复盘，进行重塑和反思，从中提炼出可以借鉴和改变的方法和经验。如果善用这种复盘的方式和方法，我们就可以从每件事情上获益，使自己变得更加理性和更加强大。

当对一些事情进行了复盘之后，你会意识到当时自己情绪化的相应处理，显得多么愚蠢和可笑。同样的情况再出现的时候，你就会对自己有一个本能的警醒，而在这个警醒下，你再去履行比如我说的 48 小时禁言的原则，就不会觉得特别难了。

第二个办法是加强自我认知，提升完整的自我价值体系，我们在前面已经讲到，很多人之所以被激怒，根本原因是没有建立稳定的自我认知体系，对于自己没有清晰和稳定的认知。举一个简单的例子，你会发现对于你周边某些人对你的非议，你是完全置若罔闻的，你根本就不在乎。但另一些人可能说你几句，顿时就能让你来火，这其实就关系到你的自我认知体系的建立。加强自我认知要基于一定的标准，有一定之规，就不容易被更多的人影响。

可能你置若罔闻的那些人，就是对你的影响力很低的人。换句话说，让你一点就着的人，可能是对你影响力很高的人。所以，要坚定自我的价值体系，对自己有清晰和稳定的认知，这是提升情绪管理最核心的部分。

总之，要想从治本的角度，提升情绪管理，其实主要就是两种方法：一种是加强自我探索和认知，深入地了解自己是谁，兴趣如何，能力怎么样。这些自我认知和探索的方式，其实在日常里面，有很多训练的方法，包括心理测验、经验的提炼、复盘、评价的征集。另一种是树立对自己的正确的认可和肯定，在提升自己的过程中，逐步提升自我的效能感。▲

——王茜

13 年整合行销经验，曾于 Havas Worldwide 和宣亚国际传播集团担任高管。目前是天鹰资本合伙人 & 思诺咨询 CEO，FM1039 嘉宾主持人、钛媒体名誉主编、天使投资人，投资项目有钛媒体、馒头商学院、高歌医生等。在媒体、文化 IP、电商、泛娱乐和消费升级领域有深度研究和相关经验。

06

你还在拼"命"换业绩吗？

你的公司体检报告拿到了吗？

自从开始体检后，发现慢慢变老的不只是父母，还有我们自己。曾经那些以为会离我们很遥远的"中老年疾病"，在我们的体检报告上也慢慢有了。

很多人都有仗着年轻多拼几年的心理，对于吃饭、睡眠的重要性没有任何概念，总想赚够了钱再休息，但赚多少钱才够花？年轻时拿命换的钱，老了够你拿钱换条命吗？

今天我几乎是怀揣着忏悔的心情伏案提笔，最近我没有出现的原因很简单，我病了，从 11 月中旬开始到现在，将近两个月的时间里我的身体一直在向我发出警告，但我好像一直不太愿意去面对这些信号。

可惜身体不会因为我对它的忽略而变好。终于，我在 2015 年的最后一天，也就是 12 月 31 号这天晚上，因为连续三天低烧不退，不得不满心不情愿地去了医院的急诊室。这七天以来我也一直浑浑噩噩，几乎都是睡过去的。

1. 等我忙完再……身体不相信你的谎言

2014 年的 8 月开始，我慢慢放弃了自己坚持每周游泳三次的习惯。我给自己的理由当然有很多：因为我太忙，游泳太浪费时间，我总可以找时间去跑个步补偿，还有无数个"等我忙完这一段"就去游泳的自我慰藉。

可事实是我连跑步也一起放弃了，我从不去健身房，而那个"等我忙完"的时间似乎一直都没有到来。

也许是因为之前的锻炼给了我一些挥霍的资本，2014 年的下半年我每天还是疯狂地看书，写文章，办公益活动，应邀去各处分享，忙得不亦乐乎。

那个时候我几乎真的把自己当成了女超人，当别人问我："Joy，你怎么总是看上去有用不完的精力？"我还扬扬得意地回答道："因为我的品格优势里，排在第一名的就是热情和干劲儿，所以我总是感觉特别有活力。"

那时候我觉得自己简直是逆了天的存在，既可以静下心一动不动看上六个小时的书，也可以一天在三个地方主持三个不同活动。可惜当时我根本不知道，在未来的一年里我会因为自己对身体的忽视，付出怎样沉重的代价。

我想一个人健康的时候，就很容易忘记这样的健康是多么难能可贵。

2015 年我得了三次急性肠胃炎，每次都让自己发高烧，高烧到必须打吊针才能退烧；我几乎每个月都会感冒，但每次我都告诉自己：没事的，多喝点水就好了。

的确，开始的那几次感冒好像万能的"热水君"就可以抵挡了。但慢慢我发现我不得不吃药，而且好像感冒的时间也会拖得很长，有时几乎是两个星期。

可你不要以为我因为这些身体的症状就"幡然悔悟"了，错，我变本加厉。

因为每次感冒或者身体不适都会降低我的效率，所以每当我觉得自己病好了的时候，就更加"珍惜时间"，更加对自己"下狠手"，觉得这样才能弥补我所有被身体所"拖累"的时间。

我觉得这一年半多的时间里我像是一只迷失在自己谎言里的羔羊，任凭自己宰割，却一次次地好了伤疤忘了疼。每次生病时我都信誓旦旦，告诉自己我在病好了之后一定好好吃饭，按时睡觉，锻炼身体。

可是当病真的好了的时候，我常常做着跟生病时承诺自己的相反的事情：更努力地学习，更努力地看书写文章，睡得更晚，伏案时间更长，更经常忘了吃东西……

2. 我才不怕死，除非生命到最后一天

可是我一直觉得，正是因为我们对死亡的恐惧视而不见，才让自己一次次地用以为自己可以"永生"的方式活着，却从来没有真正地开始生活。

对死亡恐惧并且视而不见，其实我说的正是我自己。

2013 年 9 月，李开复对外宣布他得了淋巴癌，2015 年 2 月他在北大

办了罹患癌症之后的第一次"复归"演讲，我在听众席上。

李开复 11 岁到美国，26 岁拿到卡耐基梅隆计算机博士并成为最年轻的副教授，不到 30 岁就成了苹果的研发主管；不到 40 岁便升任微软全球副总裁；后来又转任 Google 全球副总裁。

后来他创办了"创新工场"，正准备大展拳脚时却被告知患有淋巴癌，腹腔中有多达二十几颗肿瘤。

"癌症面前人人平等"是他说过的话，这让我再一次思考死亡的意义。

我想病魔从来没有离开过我们，只是太多时候我们不愿直视它，然后用各种忙碌和追求来掩盖自己的恐惧。

2015 年 8 月，我在电影院里看《滚蛋吧，肿瘤君！》把自己哭成了泪人，因为它不是电影，它是有血有肉的熊顿姑娘跟癌症作战的真真切切的故事，更因为它是一个本还在花季的女孩还没有绽放便不幸凋零的故事。

可这一切的一切，最终好像都与我无关。

我虽然非常认真地思考过像乔布斯一样的人物们都经常思考的问题：如果今天是我生命的最后一天，我要怎么度过？

但我发现这个问题真的是一个悖论。

当我健康的时候，我会说：

如果今天是我生命的最后一天，那么我要打电话给所有我爱的人；

原谅那些之前我没有彻底原谅的人；

然后跟某个我还没来得及告白的男生告白一番，嘱咐他偶尔也去我墓碑前放朵玫瑰什么的……

可事实上是，我还没有病入膏肓到"今天"就要死，却早已没有力气去做这些事情，我当时真正最想做的，抱歉，真的很没出息可就是很现实的，是睡觉……

所以其实我在健康的时候会把死亡当成是一个遥远的议题思考，而它仅仅停留在智力层面上，不曾真正影响过我的生活。

就像我们取得了成功，便开始"坐享其成"，因为我们现在看起来是那么成功，却忘了现在的成功，都是在别人睡懒觉时早早起床得来的；

就像我们拥有健康，便开始大肆挥霍，因为我们现在看起来是如此健康，却忘了此刻的健康，是我们用无数个 5 公里跑，无数次游泳或者打网球，无数次拒绝垃圾食品，无数次逼迫自己早睡，无数次坚持吃健康的蔬菜水果……才换来的。

直到有一天"成功"早已成为过去，我们讶异地发现从前"一直被模仿，从未被超越"的自己，已经被甩出了几条街。不练琴的李云迪也会在音乐会上屡屡失手，点球不进的梅西也会被球迷喊"你妈叫你回家练球"。

直到有一天我们在医院检查出自己得了慢性病，才意识到身体早就对我们警钟长鸣，那些我们熬夜看电视或者玩手机、我们抽烟、我们长期不运动、我们暴饮暴食的习惯，早就将之前我们觉得理所应当的健康，消磨得所剩无几。

3. 如何更健康？拼命但不要拼"命"

很多人都会问：吃什么能让自己更健康？

可这个问题本身就是错的，因为我们的健康不是一蹴而就的事情，问题不在于我们吃什么会更健康，而在于我们每天吃什么，我们持续地吃什么才更健康。

这就是过程和结果导向的差别。结果导向的人问问题的方式是：做什么才可以达到什么样的结果？但我们慢慢发现，这个世界上几乎所有值得我们努力的东西，根本没有一个简单的结果。

比如幸福，如果你问我：怎么做才能让自己幸福？那么我先要问问你什么叫作幸福。幸福也许根本不是一个结果，因为你想要的不是一刻的幸福，你想要的是持续的幸福，甚至说持续的更幸福，不是吗？所以幸福本身就是一个过程量，而非一个结果。

健康，其实也是一件过程导向的事情。

也许每天那 30 分钟到 45 分钟的运动看起来无关紧要，也许每天那一个苹果或者一份蔬菜看起来可有可无，每天那 15 分钟的正念练习似乎也无关痛痒，但如果你把它们看成是一个过程量，就会明白，此刻的健康是因为上一刻我们的努力，而且下一刻的健康，就紧紧地跟我们这一刻的行为联系在一起。

4. 活着就已经赚了，别再拿"命"换钱

感谢此刻我活着。今天又是我额外赚到的 24 小时。

我想这是公元 2016 年我跟自己，还有死神，共同签订的第一个盟约：每一个我"多活"的一天，我都带着感激，尝试着学会珍惜，那些我曾经觉得"理所应当"的健康和活力。

我想以后把死神带在身边，我还会跟它签订更多的盟约。

也许你发现我变了，我好像越来越少地直接把什么"心理学理论"或者原理丢给你，也越来越少再用"专家"的口气说些什么。此刻我坐在这里，很轻松地写给你和自己这些文字，甚至也愿意把自己最脆弱的部分暴露给你，因为我知道那些真正连接我们的，不是我们的完美，而是我们每个人的不完美……

我相信我们都是自己生活的专家，也只有你才是最懂得你自己的人。

珍惜生存的权利，你永远不知道明天会发生什么。我仍然会严肃对待自己的工作，但我严肃对待工作的方式不会是不拿自己当回事。

——Joy Liu（乔伊·刘）
LinkedIn 专栏作家，心理工作者，繁荣成长工作坊创始人。

07

你会自我投资吗？

如今在一些圈子，也会遇到一些特别厉害的 90 后、00 后，但是其实仔细观察他们，发现他们最擅长做的其实就是投资自己，狠狠地投资自己。

之前见过一位小伙伴，他在半年的时间里，几乎花完了自己之前一年所有的积蓄（2 万元左右）用来投资自己，他做了这样几件事情，令我刚刚听说之后很吃惊。

系统地买书，几乎每个月投资 600 元左右，也就是会购买 20~30 本书籍。

网络学习，最主要的就是拆解别人的文章，然后自己开始写文章。

每件事都会总结。

这是我见过的一个在短时间内对自己投资最狠的人，也是我目前见过的一个成长很快的人，当然不是成长最快的人，因为在有些领域是有瓶颈的。

这个现象你也有吗?

这是很少有人懂的,也是很多成长快的人最擅长的。

我们每个月有钱买好衣服穿,有钱大吃大喝,有钱约会逛街,却始终没有投资自己,甚至还有些人在投资自己的时候碍手碍脚。

在我所发起的领读活动里,有一些小伙伴一直舍不得买纸质书,总是电子书凑合着看,而我知道的时候总是会提醒他们一下,如果我们真正能够从书中学习到哪怕一丁点知识,其实也就已经赚回书本的价格了,而要是能够反复地读,把它分享给身边的小伙伴,那就赚得更多了。

如果在这个基础上你还能够开发成为微课,顺便收点筛选学员的门槛小费,那么一节课赚几本书的钱是没有任何问题的,当然这也是我在做的事情。

那么你不妨思考一下:

为什么我们舍不得投资?

第一,其实最主要的还是在于我们的思维意识和心智模式。

这是第一点,也是最主要的一点,很多时候我们容易受限,我们想着短期的利益,然后忽略了最好的投资。

我们的思维被限制着,我们没有一个足够成熟的心智模式。就像我刚开始北上工作,很多人反对,但是他们不懂,我在半年的时间里几乎经历了别人五年的成长时间和空间,而这样的思维模式和独立意识也最终使得我选择了现在自己所喜欢的工作。

因此我们要时常地读书和行走,从而更好地去修炼自己的思维意识,开放自己的心智模式。

第二，太多的人太注重短期的收益。

很多时候，好多小伙伴都是想着在这一刻投资，然后就在这一刻收获，其实哪有这样的好事？即使是农耕，也是在春天播种秋天收获。所以这种延迟满足能力是我们需要修炼的，也就是看长远一点，而其实在成长和职业规划里，能够看长远的人才能够投资出更大价值的东西，也才能够在成长和发展的路上走得更长远一点。

因此这一点，很多时候就是我们大多数人犯的最明显的错误，或者说被陷进去的最深的陷阱。

第三，大多数人不是很懂如何成长，不明白成长的价值究竟在哪里。

这一点其实从找工作就可以很好地判定出来。刚开始工作的时候，我还是一个毛头小子，我一直不明白——

为什么有人喜欢找闲一点的工作？

为什么有人如果给他提供可以更悠闲并且工资一般的工作他可以接受？

为什么我们一天可以泡一杯咖啡，看看电影就结束？

为什么太多的人选择了安逸，喜欢稳定？

为什么很多人都会把自己分内的工作能够分出去的就尽量分出去？

为什么有人喜欢单一的重复，甚至拿来别人的东西一点不改就用？

我想，这些人是不是傻子呢？放着这么多成长和积累的机会不用，偏偏要给别人，偏偏要放手使得它溜走。

后来我才明白，他们只能使用一个字来形容：懒。但归根结底，其实就是不懂如何成长，就是不明白成长的价值究竟在哪里。

第四，没有因为投资成长而收获自己想要的东西，没有因为收获而拥有属于自己的成就感！

这是我跟我的坚持成长棒棒团的伙伴们常常分享的，因为我们会有坚持不下去的时候，所以我告诉他们要找到属于自己的成就感，然后再加点自豪感，那么我们就可以像自动的发动机一样，一旦转起来就再也停不下来了。

所以很多小伙伴的误区在于，我们在投资自己的时候没有找到收获的点，没有很耐心地等待成长背后的结果和收获。

第五，没有产生连接的价值。

有时候我们会在投资自己，使自己成长之后，产生很多连接的价值。比如别人邀请我们去做分享，比如进入一些高质量的圈子、牛人的圈子。而这也会让我们看到更多的东西，因为毕竟这是环境的附加值，你身边的人如果都很厉害，你还会不厉害吗？

你身边的人如果都在投资自己，你为什么不去投资自己呢？你身边的人都在飞速地成长，你还担心自己不会成长吗？

所以连接产生的价值是很神奇的，而这种神奇更多的也在于我们不断地成长，然后从一个圈子跨越到另一个圈子，也就有了更多的人愿意为我们做信任代理。

最近在琢磨投资学的问题，而关于投资学，我更倾向于来谈谈自我投资，因为我始终认为我们对未来最好的规划其实就是来投资自己的成长，这样也才能够带来更多的价值，从而提升我们自己，至于时间、精力、金钱，也会相应地好起来。

那么究竟怎样的投资才算是真正的投资呢？怎样的投资才算是最好的投资呢？其实就是投资自己。

那么我们又该如何来投资自己呢？

这才是投资学里面真正的学问。

第一，构建自己的学习需求，制订属于自己的学习目标。

在学习的时候，我们一定要找到自己的需求，然后为这个需求专门制订一个学习目标，之后开始进行学习。

有需求有目标的时候，我们学习起来效率会提升很多，而相应的精力也能够专门地投入进来，就可以体验一下把一件事情学习透彻的感觉。

因为在学习成长的路上，我们最主要的就是找到这个时期我们最需要学习的点，然后制订专属目标，之后去为这些目标做计划，然后就可以开始行动啦！

所以在自我投资里面，我始终认为最重要的点是要找到自己的学习需求，这个需求还要是当下最重要但不紧急的，因为这样我们才能够规划得足够长远。因此自我投资里面的第一点就是这个。

第二，寻找这个领域最牛的人进行请教。

向人学习是最快的学习方式，这也是为什么我们一直想找一个导师带着我们的原因，这也是我们在企业工作或者学习的时候为什么会专门配备一个导师的原因，但是我们是否能够真正利用好这一机会呢？这是我们需要思考的地方。

因此在我们找到属于自己的专属需求之后，制订属于自己的学习目标和成长目标时，我们就要去寻找这个领域能够教给我们东西的人，也就是老师。

当然如果你身边有在这个领域做得比你好的人，或者在这个领域做得最好的人，那就再好不过了。

但是如果没有认识的，也不要紧。去网上找一找这一领域最厉害的人，然后看看能否"连接"到他们，比如有很多老师都在开课程或者做培训，也有像在行这样的平台可以约人。

这个时候不妨花一些钱来上上他们的课程或者直接单约，进行一对一的咨询交流。同时我们也有可能会在拥有这个资源之后，又可以开始更多的连接和学习。

第三，对这个领域做一次主题阅读，进行系统学习。

读书是最系统的学习方式，也使我们能够构建自己的知识系统，所以如果想要真正地系统地来研究一些东西的话，那么不妨在这个主题之下，找几十本书一起来阅读，这样我们才能够收获不一样的东西，或者说收获更多的东西。

就像我最近在阅读时间管理方面的书籍：《把时间当作朋友》《奇特的一生》《番茄工作法》《卓有成效的管理者》《高效能人士的七个习惯》《小强升职记》。

将这些书全部通读和精读完之后，我发现自己的时间管理能力直接提升了一个档次，并且也开了两节微课《史上最简单的时间管理法，只需三招就够啦》《如何利用碎片化时间与别人拉开差距》，还有马上就要开始的《学会时间矩阵法，带你走进时间管理最神奇的地方》。

这也算是系统地吸收，然后系统地分享，这样的学习交流不仅系统，而且还很快速，并且能够对自己的学习系统和知识系统做一个升级。当然成本也是很低的。

因此，如果你想要学习一个领域的知识点，那么不妨采用一下这个方法。

第四，无论学习还是交流，每次必做总结和复盘。

总结和复盘可以使我们能够提升得足够快，并且也能够使我们破拆出更多的东西，然后在这些东西之上找到属于其最具价值的东西，这样我们也才能够收获更多的东西，从而提升自己的价值。

因此在每一件事结束之后，我会马上做一份总结出来，无论是和朋友的深度聊天，还是参加活动，或者仅仅是看到某个现象，因为其实这就是我们向事情学习的一次机会，有多认真的总结，就有多大价值的收获。

所以如果我们想要真正地快速成长，那么我们就要精于总结和复盘。

第五，任何时候，记得百度一下。

独立思考很重要，我们究竟能够独立完成多大的事情，我们在面对自己不知道的事情或者问题的时候究竟该怎么办？其实最简便的方法就是使用百度，这样的快速学习法是成本最低并且耗时最短的方法。

记得之前我教小弟处理事情的时候，就跟他说过，你有什么问题，就像问我一样地去百度搜索就好，怎么问就怎么搜。

有时候也会给身边的人说这个方法，因为很多时候，太多人不会提问，太多的人也不懂得如何进行独立思考。如何能够独立？这样就可以做到。

第六，每个知识点学习完成之后做一次系统分享，外加无数次微分享。

分享是最快的学习方法，教是最好的学习。这是我现在跟我身边的人经常说的，也是我在践行的。无论自己学习到什么东西，即使只是简单的一个资料，只要不涉及版权问题，都是可以分享的，我基本上都会分享出去。

一方面加深了我自己的记忆和理解，一方面还可以提升身边人学习能力，而圈子厉害了，还怕自己的能力提升不了吗？

当然现在我有了更加刻意的修炼方法，除了我在聊天、写作，还有解答时会做点分享之外，我还专门在益分享上线了系统的课程，通过这些系统的知识架构来进行更加系统的分享。

而这个过程也让我自己收获了太多的东西，提升了学习能力，练就了表达能力，升级了社群运营能力。当然还有太多太多的东西和资源。

因此我建议身边的小伙伴多多分享，当然这也是我发起"益分享"的原因。

第七，习惯固定地升级自己的知识系统和思维模式，开启并运用不一般的心智。

不断地创新，持续地改革，这是我在团队里最喜欢说的一句话，也是践行最多的一句话，我的每一个活动，即使是相同的，也会不断地升级，不断地优化，然后拿出自己质量最好的一版。

当然这也是我发起"坚持成长棒棒团"的核心理念，就是要每天进步一点点，就是要在进步的过程中能够看到和收获更多的东西，包括升级自己的知识系统。

而如果我们能够把自己升级知识系统和思维模式的这个事情固定下时间的话，那其实就是刻意的练习，因为这样的升级会督促我们不断地去学习新的东西，然后为自己升级知识系统和思维模式所需要的素材做积累。

因此我们要不断地去升级，不断地去创新。当然，能够践行每天进步一点点的话，那就更棒啦！

学会自我投资，就是这样简单！

学会投资自己，这样我们的生活才会多彩一点！这样我们才能够在自己实现梦想的路上走得更快一点，这样我们也才能够在更多时候更好地来督促自己更加快速和刻意的成长。

有时候成长是规划出来的，那么越早准备越好；有时候事业是投资出来的，那么越会投资赚得越多。

而我喜欢疯狂地投资自己，在当下这个需要快速成长的时代，我们需要的就是坚持成长，就是舍得投资，就是一气呵成地去做一些自己想做的事情。

你学不会的自我投资，其实就是这样简单。▲

——王立登

益分享创始人，社群书院约读负责人；坚持成长棒棒团、百日早起团、一页纸时间管理训练营、便签成长特训营、千人约读计划、约读晨训营发起人；简书推荐作者，微博读书书评人。

第 七 章

Chapter 7

职场哪有
规定动作

工作场合并没有万用的模板可以套用，每个人都有自己的特殊性，需要根据自身特点选择努力的着力点，尤其是人生中的几次重要选择。一时失败不可怕，一时看不到成果的努力也不用担心，只要在对的方向上，你终将变得不可替代。

01

再努力也只是加分，你必须让自己变得不可替代

我们听到了太多有关"努力"的建议。努力当然很重要，但"努力万能论"却是一个谎言。

如果让你和泰森对打，你觉得靠努力、靠意志就能打过他了？你又不是星矢，没有小宇宙可以爆发。聪明的人会绕开那些根本解决不了的问题。

你要去寻找一些领域，这些领域里你有"相对优势"，在这个领域里你是不可替代的。时刻记得：脑力劳动者的价值和劳动时间无关，只和"不可替代性"有关。

你是否在自己的"最佳领域"工作？

所谓的"最佳领域"，就是你热爱的、你擅长的，以及社会价值所看重的内容恰好重叠的领域。

然而，光是找到"最佳领域"，还是远远不够的。因为你的最佳领域，

失败区
你不擅长所从事
的职业

你喜欢的

有社会
价值的

甜蜜区
你热爱并擅长自
己所从事的有社
会价值的职业

断裂区
你所从事的职
业无社会价值

倦怠区
你不喜欢所从
事的职业

你擅长的

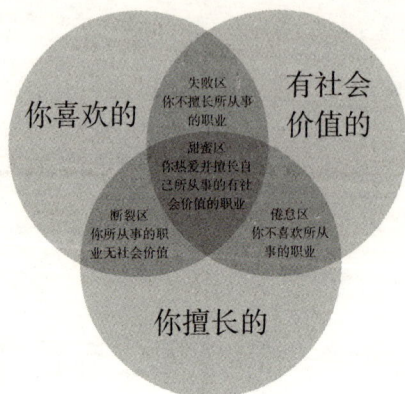

可能很多人都已经在奋斗了。你要找的，其实是一个"相对优势领域"。

下面是我的故事。

1. 别等到 30 岁才想起修炼基本功

我曾经也和你们一样，喜欢做职业规划。不过现在放弃了。

你可以规划出来的路径肯定是别人走过的，但是同样一条路人家能走通，你却未必。生活中的大多数事情，都和"计划"二字相去甚远。

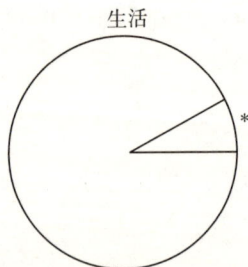

生活

*

*% 是能够按计划行事的

如果从第一份工作来看，你可能会觉得我一事无成。再怎么看都是个失败者，也看不出任何要走上"人生巅峰"的征兆。

2006 年，我大学刚毕业，第一份工作也没有什么好挑挑拣拣的，就是被别人挑。

我本科在复旦大学读的新闻系。那时，传统媒体还没有像今天这样没落，新闻系学生还视传统的传媒集团为金字招牌，都奔着南方报业集团、上海文广传媒集团或者 CCTV 去了。

我也投了挺多这种单位，但都悲剧了——可能因为我在大学里成绩不太好，英语也不太好。不过，最终我还是去了解放日报集团的事业发展部——事业发展部把我从被刷掉的简历里捞了起来。这就是我的第一份工作。

第一份工作我的薪水只有 3000 多块，拿了 4 年。职位没有任何升迁——我进去的时候是专员，出来的时候还是专员；没有做出什么傲人的业绩。

然而，30 岁的我回顾这段时光，却觉得是职场上自己的起点太过幸运——站在了足够高的平台上，打下了很扎实的基础，并有了足够的积累。

首先，眼界得到了极大的开拓。

我所处的事业发展部，是解放日报集团比较核心的一个部门，集团内部比较大的一些决策，这个部门都会参与。从实操到策划，包括资本运作，我都真正去做过。于是，你真正地看到了一个在外界眼中高高在上的、几千人的集团，这样大的一个庞然大物，究竟是如何运作的。登泰山而小天下，此后你再看其他的，眼界截然不同。

其次，第一份工作改变了我思考问题的方式。

学校里只有一个衡量标准，就是考试成绩。社会上有无数衡量标准，能销售的人、能策划的人、能协调的人、能搞关系的人、能喝酒的人、能忽悠的人……你到底算哪一种？

此外，任何工作都不是只有一个解决方案的，只有一个答案的那是考试。

那时部门里有几个风格迥异、类型不同的领导，都是很牛的人。从他们身上我发现，通往罗马的路不止一条：原来一个工作，不仅有一种解决方案，用不同的方式，都能把这件事情搞定。

第三，在那四年当中，空余时间也比较多，所以看了大量的书。我大部分的知识基础都是在那时候打下来的。

回顾起来，在选择第一份工作时，薪水是最后考量的一项。衡量一份工作好坏，要看除了薪水以外你还能够获得什么。当你过了30岁以后，你会后悔当年没有练好基本功，但你一定不会后悔当年少赚了几万块。

我要感激自己的一点是：连续很多年拿3 000多块钱工资，我还是忍住了，没有走。但我学到了该学的东西。

2. 人能走多远看三条：心态、思维方式、执行力

我的第二份工作是阿里巴巴投资的《天下网商》。当时的目标是："我们要做你搬家的时候不会丢掉的杂志。"

刚加入《天下网商》的时候，它并不是后来大家所熟悉的那样。作为

前 10 号的员工，我一开始做记者，后来做了主编，一共工作了三年。从某种程度上来说，算是"白手起家"。

当时这个杂志刚创刊，没什么名气，也没有人认可。你打个电话约采访人家都会拒绝你。去采访活动，主办方说："哦，那你自己买机票来吧，既然想来的话。"

要怎样从商业媒体里杀出一条血路？

我们做了差异化的定位。传统的商业媒体喜欢写大公司、大人物、大新闻，都是聚焦在阿里巴巴、京东、亚马逊。

但是，我可能选择聚焦在"小公司"，我们会去采访一个年收入是千万量级的公司，这种公司在大的商业媒体里就不太能入法眼，但我们视若珍宝。"我如何赚钱？在这个行业里怎样能让自己的生意做得更加好？"这才是创业者们切实关心的问题，这也是我们会去写的东西。

心态、思维方式、执行力，可以说是《天下网商》成功的秘诀——创业者的心态，商业而非新闻的思维方式，加之一个良好的团队。这三条层层递进，最多人输在心态，太多人输在思维方式，许多人输在执行力。

而因为这三条，《天下网商》赢了。

3. 找到自己的"核心团队"

第三份工作，我选择了明道。

这份工作最吸引我的是"核心团队"和"信任"。

工作和婚姻性质差不多，因为你们都要在一起待很长很长的时间。所以相互之间风格的匹配度和信任是很重要的。

借用一个比喻吧：信任是 1，能力是 0，当你有 1 的时候，后面的 0 越多就越大，如果你没有 1，再多的 0 也是 0。从某种程度上来说，你的 1 就是找对了那一个核心团队。

"核心"二字从来不是单纯从"专业"的角度来定义的，它是"专业 + 忠诚"的合体。

核心团队是那些在你 A 轮融资还没到位时，挤在居民楼里跟你高谈改变世界的人；核心团队是当你遭遇危机时，愿意降薪帮公司控制成本的人；核心团队是在会议室里敢和你拍桌子，出了会议室却坚定执行你的决议的人；核心团队是竞争对手花多少钱也挖不走的人；核心团队也是和你一起去纳斯达克敲钟的人。

核心团队有点像"原配"，哪怕她不是最漂亮的，哪怕她已经年老色衰，但你们共同的经历、你们超越性关系的感情纽带会牢牢地把你们拴在一起。

4. 你该如何进入职场上升通道

我做了三份工作，有近十年职场经历，也算是积累了一些心得。在选择你的职业的时候，你要思考以下三点：

第一，要选择好的行业。

好行业不等于当下的热门行业，因为你会面临非常激烈的竞争，要找你自己有优势的行业。

因为，成熟的行业有成熟的公司。除非他们犯下致命性错误，否则别人是没有机会的。比如淘宝，比如微信。

你要选择的，是一个不那么成熟，却有前景、有机会的行业。

行业的发展其实是一条曲线，从 0 到 1，到达顶峰，然后逐渐没落。

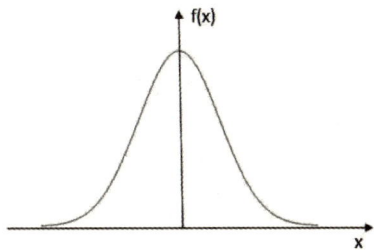

如果选择了一个处于上升期的行业，那么往后看，一切都是好的。比如如今的互联网。只要不犯致命性错误，跟着浪潮往上走，就不会有问题。这不需要你有太高于常人的智商和勤奋度，就可以接着往上走。

明道现在做的是企业办公领域的软件。实际上类似软件在美国硅谷已经非常多了，上市公司什么的也非常多。但是在中国，类似软件和上市公司的数量可能连人家的一个零头也赶不上。这确然是一个不成熟的行业，然而有足够的上升空间。

第二，进步是循序渐进。

在选择了行业之后，千万别急着证明自己，要循序渐进，天才不是跳跃式进步的，他们只是在每个阶段停留的时间很短。

第三，必须要主动，找活儿干而不是等活儿干。

5. 努力并非万能，找到你的"相对优势"

回顾起来，我的职场路数可能并不主流。我出身比较低微，但总归要给自己找碗饭吃，所以我就得去适合我的一些路径里探索。

我的方法就是，我要去寻找自己具有相对优势的战场。

在一个战场上要怎样让自己活下来？其实一个最好的方法就是你不要和那些明显比你强大的人硬碰硬，你很勇敢，但你必死无疑。

如果老师考你：如果腾讯进入了你的领域你怎么办？我的答案是：我会赶紧把公司卖掉走人。

我现在的方式就是去寻找一些领域，在这些领域里我有相对优势。有可能这些领域看起来不是那么高大上，不是那么光鲜，但是在这个领域里我是不可替代的。

我从不去奢望自己有最好的牌，而是你给我一副什么样的牌，我就把自己手里面有的牌打到最好。最后虽然不一定能赢，但是我尽量拿更多的分。

——许维
海万企明道软件有限公司副总裁

02
三次深度思考让我从文员变成总监

我不是特别爱动脑思考的人——我又不是哲学家和思想者，平日里我所有的脑细胞应付工作都不够用，还哪里有力气去深度思考其他的呢？

但我可以这么说，如果没有这三次深度思考，我的职业生涯不会迎来质的飞跃。

希望读完我的故事你也能有所思考："我已经足够好了"或者"我还有做得不够好的地方，如何才能获得更进一步的提高？"

关于深度思考的定义，可能不同的人有不同的定义方式，我个人的粗浅理解是，能自我提问，能逐层深入，并具有逻辑性，能自我寻找答案并产生现实的指导意义的，都是深度思考。往往我遇到这种机会的时候就是摊上大事儿的时候。

1. 换工作？要薪水更要规划

我第一次深度思考关于人生和未来这件事时已经 31 岁了，在职场当屌丝混了七年，从未有过任何职业规划，都以兴趣和好奇心为前提随意更换工作，热爱创意更爱自由，讨厌自我重复。

七年换了六份工作，做过服装设计，动漫杂志、图书策划，时尚记者，电视编剧，最后进入广告圈成了一名文案，后来又被调去公关部负责活动执行。

那时候我对工资总是不满意，对前途总是很迷茫，对自己总是不自信，对发展总是搞不清楚，那时候我不信什么计划，我总爱说，计划没有变化快。

我几乎是对自己怀抱着又嫌弃又不满、想跳槽又不知可以去哪儿的心态跨过了 30 岁，就在这个时候，一个机会出现在了我面前，我的部门领导要辞职，希望带我走。

当领导说他跳过去之后打算做本杂志，希望我能帮着负责，问我愿不愿意一起走的时候，我差点就脱口而出说我愿意，但那个瞬间我忍了下来，我说，我需要好好想想。

那天夜里我问了自己许多问题，比如，眼下是个机会，我可以走，但要提高薪水。我能要多少薪水？现在的我值多少钱？

再比如，是不是只要钱就可以？我已经 31 岁了，我需要一个什么样的职位？为了衬得起这个职位我还需要什么能力？

跳槽过去以后，我要留在那家公司或者那个领域吗？还是这次只是一个过渡，做一年又想换其他的看看？

这些问题有的我之前问过自己，有的之前我没有答案，有的我甚至很讨厌去想，那个晚上我第一次逼着自己直接面对，最后为自己定下了以下的这些要求：

希望薪水不低于 6 000 元；

希望职位至少应该是执行主编，而不是一个编辑；

要在这里停留两年的时间，努力靠近核心业务部门。

后来我得到了超出预期的薪水，实现之后两年给自己定的努力目标，和领导一起跳到了新的公司。

如果没有那一晚上的思考，我很可能以原有薪水和职位平移。

至今我都要感谢那个晚上，它不仅仅是让我直面问题，也让我第一次考虑未来和规划的问题。有了目标，从不会缺方法，也就不会缺少成长的速度。

2. 不在核心部门？想得高，更要想得远

在公司的两年之中，我经历了努力表现、获得提升、遭遇排挤以及个人成熟等几个阶段，人成熟了不少，也自信了很多，但烦恼却没有减少。

一直在下属公司做名义上的推广部经理，但职责范围内负责的更多的还是偏集团和企业文化的东西，所做的东西一直都不是和业务紧密挂靠的，这总会让我有一种职场恐慌，害怕一旦有变化整个部门会成为裁员的首选。

我的目标是希望用两年的时间去靠近营销和策划，但是事实是我负责最多的就是对接和帮忙，更像是吊在空中上不去也下不来的状态，这让我非常苦恼，而现实连给我喘息的时间都没有。

　　因为一些原因，我被调回集团做品牌，而当时的部门已经有一个经理，我接到上级的指令要写明年的计划，从集团现有的状况出发，说说明年有什么打算。

　　我本来就不是一个擅长做计划的人，我可能针对一场落地活动有十个选题和五种方案，但你让我自由发挥，那你告诉我一下明年我们要做几场活动？什么时间做？为什么要做？这我怎么知道？

　　那个年度计划我憋了一周，一个字也写不出来。我明白这个年度计划方案的意义，这是一份考卷，做得合格的人会被留下，因为一个部门不需要两个经理。

　　我也明白自己内心纠结的部分，我想做营销，我觉得品牌没什么用，我一个人留在空荡荡的办公室里加班，又一次开始了对内心深处的提问。

　　你现在想做营销，目前有机会吗？做了两年也没得到机会，怎么办？要离开吗？

　　目前月薪过万了，但去做策划肯定没有这么高的薪水，而且你要重新去学，还要考虑学习成本，能接受薪水下调这个现实吗？

　　所有的策划岗位都和项目挂钩，项目如果售完了你要怎么办？换一个地方继续做，还是被调回集团呢？

　　当问到了这里，我就仿佛看到了一道缺口，光亮透出，内心豁然开朗。

　　如果我留在这家公司，即便今后获得了去项目组做营销策划的机会，我也接受薪水下调的现实，项目结束后我也可能是要被调回集团，因为在集团才可能是从事管理和总控。

　　而对集团本身而言，比营销更高一级的就是品牌，如果怎么选都是要回到这里去做这个职位，那为什么一定要去再锻炼两年，而不能把握现在呢？

我之所以想选择营销策划是因为我对它熟悉，有安全感，容易获得肯定，但如今营销人员很多，每个人都想找机会去尝试，获得项目经验，但最终的结果都肯定会指向升上上一层。

那么，我为什么要在人们都争抢营销职位的时候也跟着一起去抢，而不是利用这个时候好好研究一下品牌，等大家再来抢品牌这个职位的时候，我已经是里面的资深人士了呢？

想到这里的时候我就觉得整个人彻底顺了，全身舒畅。再看看眼下可用的东西，忽然有了新的想法，我开始在纸上画思维导图，并且找到了几个板块的关联性，包括明年哪些板块需要创建，哪些需要升级，手里的企业内刊、网站、董事长的包装、媒介的平衡都要如何去关联，就和打游戏开挂了一样都瞬间清晰了起来。

那次的计划汇报我很兴奋，不是我故意要感染领导，而是我第一次发现，原来我还有很多关于品牌的事儿可以做，我在白板上把自己明年要做的五个板块，从定位到关联都一一罗列，获得了直属领导的赞许。

后来的结果就是，春节之后我被留下，另一个经理出局。

得知这个消息的时候，我的确在心里松了一口气，但更开心的是一直困扰我的个人定位问题也找到了出口。我的情绪顺了，人顺了，想法不纠结了，还得到了继续留下的机会。感觉一个崭新的未来在眼前展开。

3. 想升职？找到做领导的核心价值

自那之后又过了两年，我遭遇到了职场发展的瓶颈，觉得自己工作得心应手，但就是不能得到更大的晋升。我也和直属领导提过，但对方都是说再等等——老板觉得你还不够成熟。

我带了四年团队，完成了自我蜕变，也做了很多的提升和努力，我不知道目前我距离品牌总监这个职位还差什么？

然后一次团队成员的离职让我又做了一次深度的思考。

其实在这之前我也遭遇过带队伍的瓶颈，也有团队换血的状况，但都能及时招聘补齐人手，这次离职的是我带了近两年的下属，真的是一点一点培养起来，并且委以重任，也许是因为下属觉得自己负责了很多，却只拿了我一半的薪水，内心产生了不平衡；也许是我在最初布置任务的过程里过于粗暴，而没有让对方看到任务背后的培养意义。

总之你能清楚地感知到，原本得力的干将士气在下降，工作依旧可以完成，但是创新全无，没有生机，变得自由散漫起来，我使出浑身解数去了解、面谈都毫无效果。这种挫败感对我打击非常大，因为我眼睁睁看着自己的团队里出现了一个停止发展甚至是在倒退的人，而你还拿她没办法。

最后这名下属因为缺勤太多严重违反公司行政制度被劝退开除，我却没有因此而觉得好过，反而陷入了自问。

如果我的下属分担了我 80% 的任务，我应该做什么？

我做的哪些事是依赖团队，并且为团队整体考量过的？

一个合格的领导，他的领导魅力从何而来？

在这样的自问下，我发现我的确距总监的要求很遥远，在管理上也有很多漏洞，之前陷入了传统的师傅带徒弟的教学模式，以为靠真诚和分享就能让对方以感恩的心态安心工作，但当你的下属分担了你的实际工作后，你要空出更多的时间去思考未来的发展和转型的问题，要思考你的工作成果如何被放大和认可，不然他们会找不到自我被承认的价值感。

除此之外，如何为下属设计晋升路径，找到什么样的发展可能去满足他们的好奇心，这都取决于平时对下属的观察。人只有对自己感兴趣的事才会投入不计成本的热情，对毫无兴趣的事则只是在麻木应对。

要如何把"我感兴趣的"变成"你能在这里找到你感兴趣的"，这不单单是侧重点的转移，也是一个领导者能不能判断出下属更多成长可能的第一步。

合格的领导不是我教给你我会的，而是在你会了之后，我还能帮你创造未来更多的可能，帮你争取到配得上你的上升空间和待遇。

而我还停留在最初级的阶段。

如今距离那次深度思考又过了两年，我也已经晋升为集团的品牌总监。

今年我 37 岁，做的最让周遭人吃惊的决定是：我要去香港大学读在职研究生，我希望能系统地学习整合营销，在战略、系统和人脉三个维度上都能有所成长。

我用了六年的时间从普通文员做到总监，我要感谢这三次直面内心的深度思考，这就是我的故事，希望对你能有所帮助。

——小川叔

LinkedIn 专栏作家，微信公众号：小川叔（ID：xiaochuanshu007）。只聊职场、不写故事的萌叔，骂过无数职场迷茫之人依旧被大家爱着，最近出版《努力，才配有未来》。

03
不在小事上瞎操心，你才能专心做大事

为何成功人士能够充满朝气，享受事业的成功？因为他们每天都做出聪明的选择。

然而，我们每天都有成千上万的事情需要做决定，要持续不间断地做出正确的决定似乎是件不可能的事情。当我们的意志力衰减，让自己从沙发上站起来都是一件艰难的事情。如果你尝试过节食就更能明白，做出聪明的选择常常说起来比做起来容易。

拥有钢铁般的精神意志力来帮助你做出聪明的决定固然是好事，但是最近哥伦比亚大学的研究却告诉我们，消耗不尽的意志力只是一个传说。

意志力就好比肌肉，用到后来就越来越累。尽管你想保持警醒，但随着一整天的劳心劳力，我们的心智很容易疲累。你只要闭上眼想象一下，跑一整天的步或者做下蹲——是我的话五分钟就扛不住了。

想想肌肉，再想想意志力，不难发现每个细小的决定，都会潜在地削弱我们的精力。可以想见，每天那些繁杂量多的小决定，加总起来会严重消耗意志力肌肉。意志力正是我们做重要决定所不可或缺的。

看看美国总统奥巴马，他说："你会发现我只穿灰色或蓝色的西装，因为我想减少需要做的选择。"

看看乔布斯或者扎克伯格这类成功人士也不难发现，他们在公众场合也都穿同一套衣服。

也许奥巴马的穿衣方法对于大部分的商业人士来说有些极端，但他的方向是对的。他极力地避免"选择疲乏"的状况。他减少每天要做的决定，以此确保意志力在真正重要的抉择上。

选择疲乏的状况不会只和决定穿什么有关系。以色列的本－古里昂大学做出的研究指出，越到晚上，该国的假释出狱决定会下得愈来愈慢。他们发现，如果下决定的时候在早晨的话，犯人获得假释出狱的概率可达70%，而到了傍晚入夜时，这个概率将下降到10%。这当然不是审判长故意搞鬼，只是困扰美国总统的"选择疲乏"问题同样困扰着他。

降低你每天的"选择"量

让我们一步一步地战胜"选择疲乏"吧！首先，将每天都会遇到的问题列出来，并且让它们能够如反射式地被解决。奥巴马用的方式是非灰即蓝的朴素穿衣方式，但也许你不用这么极端，只要在睡前把隔天要穿的衣服先选好，隔天跳下床不用思考就穿上即可。

奥巴马的另外一个小方法，是把日程精简再精简。不要每天想着要到哪里、和谁应酬，把你的交际地点限定在一两个地方，并且将对象缩减再缩减。你不会因此变得有社交障碍，而是节约了更多时间与精力。

专注于那些真正重要的事情

"我很想尽可能简化我的生活与决定，直到我要做的抉择只剩下如何奉献这个社会。"

你不用像扎克伯格那样每天都只穿灰色的 T 恤，不过可以试着像他一样，尽可能专注于真正重要的事情。

作为一个创业者，我非常有幸（或者不幸）地需要面对数不清的商业决定，但当这个过程压得我喘不过气的时候，我总是会问问自己："这个选择能够帮助我达到公司的目标吗？"

如果这个选择最终无法帮助我达到目标，我不再去纠结，并且删掉这个选择与命题，就像扎克伯格不再思考他每天要穿什么上衣一样。

你可以做类似的事情来避免选择疲乏，并降低未来更多决定产生的可能。试想，如果一些事情和你的人生目标八竿子打不着，为何还要花时间思考它？

去做吧，习惯成自然

"……让拥有强大力量的习惯帮你做出决定，我们就能够摆脱做不完的选择和耗费精神的必要。"

——美国畅销书作家，葛瑞琴·鲁宾

到了要攻克目标的时候，你对目标的专注，极大地影响了你的成功。

举个例子好了，我不再绞尽脑汁去想我应该什么时间放松、什么时间运动。相反，我开始走路上班，而这变成了我每天的生活乐趣之一。这看起来很简单，但不论你的目标是什么，你可以减少很多困扰与决定的时间来完成它。

要圆梦并不是时时刻刻幻想着如何去达到，而是去做。把你的梦想变成明确的、有时间限制的阶段性目标，并且把这些细小的目标排入你每天最重要的日程表之中。

你真的能够完成所有的事情。抱着这样的心态，更能与习惯相辅相成。一旦你离开了原点并尝试着要做某些事情，你会发现那些在你精神深处的动力会帮助你更加向前。

所以啊，停止汲汲营营，做就对了，你的开始会自动地成为习惯，并告诉你："这一切都是值得的。"

————Elle Kaplan（艾丽·卡普兰）
LexION Capital 和 Love The Hustle 的创立者及 CEO。

04

有一种荒废叫只做有用的事

有人曾分享过这样一个亲身经历：她喜欢在网上写写文章，分享到微博和朋友圈。有一天，朋友在她的朋友圈里评论：你写了这么多文章，能赚多少稿费？

她的回答是：不但不能赚钱，还得赔进去大量的时间和咖啡钱。

"那能有什么用？"朋友回答。

从小到大，我们一路被教育要做"有用"的事：上学时要读"有用"的书，毕业后要干"有用"的工作，恋爱了好好结婚，结婚了好好生娃……

只要一步棋走得不符合大众审美就会被苦口婆心地劝导："老大不小了，别不务正业了。"一不小心就会被贴上"不靠谱"的标签。

可是，什么叫靠谱？不挣钱不功利不做那些"有用"的事，我就不靠谱了吗？

1. 真正能让你富有的工作，大都不是只能让你赚钱的工作

一个老师曾和我说："当你没有任何功利目的地去做一件事时，得到的结果往往是最好的。"后来，我用自身经历证明了老师这句话是真理。

进大学时阴错阳差地学了法律，在发现自己仍没放下对心理学最初的迷恋后，我开始辅修。

因为两个专业的课程时间经常冲突，我曾打乱难易顺序上心理学的课程。

任课老师后来被我感动，给我开小灶单独授课。因为太忙，我恨不得拥有赫敏的时光机器。

也因如此，我开始听高数，学统计，研究人类的每一个想法怎样通过轴突传导；我曾在 10 天内考完 12 门课，上午刑法学下午生理学。

然而现在回想起来，竟没有一丁点辛苦或消极的感受。因为我从未奢望结果，纯粹的求知欲是生命里鲜有的体验。

而我却实实在在得到了好结果：我是专业内第一个四年内拿到双学位的人，甚至被教务处老师质疑是如何修完 200+ 学分的；我毕业论文拿到优秀，"抢走"心理学专业仅有的五个名额之一；我和同学合写跨专业论文，随后拿奖。

尽管心理学看似对我的律师职业毫无意义，但我老板和我工作中的第一个老师却始终对此大加赞赏。

多线工作能力及对对方感受的敏锐捕捉成为我与众不同的竞争力。

水湄物语表达过这样的观点："真正能让你赚到钱的工作，绝大部分都不是只能让你赚钱的工作，而是能让你觉得快乐、有成就感，就算是不

给钱你也愿意从事的工作。"

也正是多亏了这段经历，使得我在日后面对职场上很多选择和诱惑时，可以执拗却踏实地坚持"我喜欢"，同时又赚到了钱。

2. 看起来和本职无关的工作，是优秀员工区别于普通员工的关键

最近驻派企业时审阅了大量合同，经常会有公司的销售把他们客户对合同的意见发给我批复。总结下来，无非总是那么几个条款，有时甚至可以把同样的批注回复给不同的客户。

多数人从来没问过我为什么这个条款要坚持，哪个异议可以接受；为了省事，他们总是直接把我的邮件转发给客户便大功告成。

等到下一次另一个客户提出大同小异的问题，他们又再把问题转发给我，等着我再一次大同小异的回复。

只有一个姑娘不一样。

她每次都会发邮件追问我结论是怎么得出的，也会经常跑过来咨询需要怎么跟客户解释，甚至会请教如何选择一个仲裁机构这种专业问题。

于是当我休假时，她直接按照以前的思路草拟了反馈邮件让我看。几次下来，这个回复意见几乎可以一字不改地直接发给客户。

到后来，每次给她发邮件时，我都会多说一句以后出现这种情况可以怎么处理。我牢牢地记住了她的名字，每次和她有业务往来都很放心。我想，如果我是客户，会很愿意和她合作。

有一次她对我说："客户刚刚问我，你们公司工作效率怎么那么高？"

她接着又说："等有一天不用再请教你，我就学成了。"

我微微一笑，心想，她距离优秀已经比别人近了。

天才不多，那些看起来和本职工作没有直接关系的地方，往往是优秀员工区别于普通员工的关键。

3. 有的人一辈子都想做点无用的事，留下的东西后人却受用无穷

乔布斯在斯坦福演讲中最有意思的一段是："如果我当时没有退学，就不会有机会去参加这个我感兴趣的美术字课程，Mac 就不会有这么多丰富的字体，以及赏心悦目的字体间距。因为微软只知道山寨苹果，可以说世上所有 PC 就都不会有现在这么美妙的字形了。"

第一次听到这个小故事时，我心中的震撼无法用语言来形容。

后来我越来越明白，有的人一辈子都在做有用的事，事实却证明一辈子都毫无价值；有的人一辈子都想做点无用的事，留下的东西后人却受用无穷。

曾任故宫博物院古物馆科长的"京城第一名家"王世襄，生于名门世家，却沉迷于各种雕虫小技，如放鸽、养蛐、驾鹰、走狗、掼跤、烹饪。

看起来都是"无用"之用，可荷兰王子 2003 年专程为他颁发"克劳

斯亲王奖最高荣誉奖",理由是：如果没有他，一部分中国文化还会被埋没很长一段时间。

4. 那些"浪费时间"的事，往往能为你打开另一片天空

白岩松曾经在一次演讲中提到，中国人太专注于做有用的事，只要做的事跟升官、发财、成名没有关系便没用了，便慢慢被荒废了。

他说，画画一直被认为是无用的事，但七百多年前，黄公望六七十岁了在深山里，花六七年时间画了一幅《富春山居图》，给了一个名叫"无用"的僧人。

七百多年后，城中心的领导、企业家、达官贵人已经无迹可寻，在深山老林里为"无用"的人画的"无用"的画却成为当地最重要的名片。

它有用吗？仍然没用。可是，真没用吗？

我的一个师弟，一边工作一边准备司考还筹划着留学，最近还告诉我他正学习占星！连我这么喜欢鼓吹"不靠谱"的人，都难免想劝他几句。但如今，他可以盯着一堆我看不懂的图形讲另一个人的内心，告诉我他的第一本书已经步入正轨。

又比如，我身边的一位姐姐曾是华尔街顶尖律所的律师，她说她在我这个年龄每天的 billable hours（可计费时间）是 15 个小时。可她一有空就会跑到世界某一个角落品油画，看佛像，学舞蹈。现在每次听她说话我都恨不能拿个录音机，和她聊天都恨不能给她交学费。

乔布斯说："我当时不可能预知这事事之间的因、果，但是当我十年后回顾这一切的时候，真的豁然开朗了。"

5. 即使无用于事，至少有用于心

在美国的一项调查中，80% 的成年人认为他们最重要的生活目标是变得富有，也有超过 50% 的人坦陈他们同时希望出名。

我们一直被教育要努力工作，要收获更多，但没有人告诉我们挣钱出名后我们是否真的更快乐。

快乐和收入并不是成正比的。

我们都知道不该拿身体换金钱，可是与此同时又有多少人以拼命熬夜为荣，以朝九晚五为耻；在朋友圈晒步行里程求赞美，晒项目求安慰。似乎停下来一刻就是种不上进不靠谱的体现。

前段时间听到一个同学倾诉，因为工作太忙没能照顾好女朋友。我当即指责说，别拿忙碌当借口，其实那些功利的事才是你心里的优先级吧。

朋友反问，如果你为了与身边人相处而放弃加薪跳槽，难道他们不会怪你不思进取吗？

听到这里我一愣，随即理解了他的难。

但此刻，我有一句约翰·列侬的名言想和你们共勉：

"做自己喜欢的事情，那就不算是浪费时间。"

"Time you enjoy wasting, was not wasted。"

"读一些无用的书，做一些无用的事，花一些无用的时间，都是为了在一切已知之外，保留一个超越自己的机会，人生中一些很了不起的变化，就是来自这种时刻。"

——美滋滋

就职于某知名内资律所，主要从事诉讼及公司业务，同时拥有心理学学位。

05
为什么普林斯顿教授的简历写满失败经历

制作简历的时候，我们总是搜肠刮肚写上人生最辉煌的经历。

当学生会主席，参加各种演讲比赛，在 Google 实习。这份简历看上去非常漂亮，它帮助我在 BAT 赢得了人生第一份工作。而我也继续用更加辉煌的经历去丰富它。

但普林斯顿大学助理教授 Johannes Haushofer（约翰尼斯·豪斯霍费尔），却在网上晒出了他的 "CV of Failures"（失败简历），上面包含曾经拒了他的学校、学术期刊和各种工作。

1. 你看不见他的失败，就以为他总在成功

即使再蠢，大概也没人会把失败的经历放在简历上给 HR 看。

Johannes Haushofer 也和我们一样，有一份普通的简历，列出了他的个人成就。

Education

2012	UNIVERSITY OF ZURICH
	Ph.D., Economics (summa cum laude). Advisor: Ernst Fehr
2008	HARVARD UNIVERSITY
	Ph.D., Neurobiology. Advisors: Nancy Kanwisher, Margaret Livingstone
2003	UNIVERSITY OF OXFORD
	B.A. (First Class Honours), Physiology, Psychology, Philosophy

Academic Positions

2014–	PRINCETON UNIVERSITY
	Assistant Professor of Psychology and Public Affairs
2011–14	HARVARD UNIVERSITY
	Prize Fellow in Economics
2011–14	MASSACHUSETTS INSTITUTE OF TECHNOLOGY
	Postdoctoral Fellow, Abdul Latif Jameel Poverty Action Lab

他的成就大概有：

教育背景

2012　苏黎世大学经济系博士

2008　哈佛大学神经生物学博士

2003　牛津大学生理心理哲学系学士

职位

2014—现在　普林斯顿大学心理和公共关系助理教授

2011—2014　哈佛大学经济学研究员

曾在《科学》《美国国家科学院院刊》《经济学季刊》《外交事务》等发表学术论文 30 多篇。

Johannes Haushofer 的这份简历看起来光鲜亮丽，堪称完美，放到 HR 面前，应该不难脱颖而出。

不过他的另一份简历却也有很多的关注：失败简历。

在这份简历开头，他写道：

"我的大多数尝试都失败了，但你们都看不见它们，只看见我的成功。所以有些人认为我做什么都能成功。

结果就是，他们把失败归结于他们自身，忽略了世界的随机性。

其实我能申请成功的都是小概率事件，HR 和期刊的小编有可能看你材料那天心情不好。

希望能借'失败简历'为你们提供另一个视角。"

Johannes Haushofer 将拒了他的学校、科研机构和报纸杂志都写进了这份简历里。

它们包括：

我没有申请到的学位：

2008　斯德哥尔摩经济学院经济博士

2003　哈佛大学和斯坦福大学心理学博士，剑桥大学和 UCL（伦敦大学学院）医科硕士

1999　伦敦政治经济学院，国际关系学士

我没有得到的教学职位和研究职位：

2014　哈佛公共关系助理教授、加州伯克利农业资源经济助理教授、麻省理工大脑与认知科学助理教授

拒了我的奖项和奖学金：

2011　瑞士国际研究网络博士奖

2010　哈佛大学研究院，社会科学奖学金

······

最后，在"终极失败"（Meta-Failures）这一栏里，Johannes Haushofer

写道：

"这份失败简历竟然帮我得到了前所未有的关注，我真的是太失败了。"

2. 我们的简历，其实应该叫"成功简历"

Johannes Haushofer 的"失败简历"写于 2011 年，灵感来源于一个名叫 Melanie Stefan（梅勒妮·斯蒂芬）的人。后者 2010 年在《自然》杂志上发表了一篇文章，题为 *CV of Failures*。

JOHANNES HAUSHOFER
CV OF FAILURES

Most of what I try fails, but these failures are often invisible, while the successes are visible. I have noticed that this sometimes gives others the impression that most things work out for me. As a result, they are more likely to attribute their own failures to themselves, rather than the fact that the world is stochastic, applications are crapshoots, and selection committees and referees have bad days. This CV of Failures is an attempt to balance the record and provide some perspective.

This idea is not mine, but due to a wonderful article in *Nature* by Melanie I. Stefan, who is a Lecturer in the School of Biomedical Sciences at the University of Edinburgh. You can find her original article here, her website here, her publications here, and follow her on Twitter under *@MelanielStefan*.

I am also not the first academic to post their CV of failures. Earlier examples are here, here, here, and here.

This CV is unlikely to be complete – it was written from memory and probably omits a lot of stuff. So if it's shorter than yours, it's likely because you have better memory, or because you're better at trying things than me.

在文章里 Stefan 写道：

几个月以前我收到了一封工作拒信。同一天，巴西足球队宣布小罗纳尔多不参加 2014 年世界杯。

球员从来没办法掩饰他的失败。他的一言一行都在人们的视线里，任何失利和伤病都逃不过观众的眼睛。

但做科研的却不是这样。我们看不到别人的挫折。别的科学家的生涯看起来好像一条连续的直线，由一系列成功的点连接而成。一旦失败，他会感到被世界抛弃了，只剩自怨自艾。

看到这篇文章，Johannes Haushofer 深受启发。

恰好当时他的一个朋友遭遇挫折，心灰意冷。Johannes Haushofer 于是写了这份"失败简历"，朋友看后很快重新振作了起来。

Meta-Failures

2016   This darn CV of Failures has received way more attention than my entire body of academic work

Johannes Haushofer 随后公开了他的失败简历，意在鼓励他的朋友和学生。他说："我希望在你们生活进展不是那么顺利的时候，为你们提供另一个视角。"

简历（Resume）是你向 HR 推销自己的道具。在这里，你列出以前取得的成就，勾勒出自己的职业肖像。你用过去的成功背书，向他许诺一个优秀的受雇者。

严格地说，它并不能代表你的全部经历，而是你的"成功简历"。

换言之，你从简历里看到的别人，就好像在朋友圈里看到的照片，都是磨过皮的、用过滤镜的。

他们真实的人生，并不像简历里那样一气呵成。

3. 失败了不一定会成功，但没有失败一定不会成功

乔布斯于 2005 年在斯坦福大学毕业典礼上的演讲常常被人引用：

你必须相信，那些点点滴滴，会在你未来的生命里，以某种方式串联起来。你必须相信一些东西——你的勇气、宿命、生活、因缘，随

便什么……

You have to trust that the dots will somehow connect in your future. You have to trust in something — your gut, destiny, life, karma, whatever.

在看他人简历的时候，我们常常会有一种错觉——这些成功的点连起来就是他的人生。

我们往往忽略了，人的发展从来都不是线性的，这些点从来都是散乱分布的。在《自然》杂志上的那篇文章里 Stefan 就说，他申请工作的成功率大概为 15%，也就是说，每尝试 7 次，才能成功 1 次。

换句话说，他在找工作时所花去的时间里，如果有 1 小时是指向有效，大概就有另外 6 小时指向无效。

但你无法只做这 1 小时的事情，而拒绝另外 6 小时的"无用功"。因为说到底，成功是小概率事件，不增加尝试的次数，又何谈产出？

纵观古今中外，无数成功人士都有过被拒的经历。

J.K. 罗琳的《哈利·波特》就曾被出版商拒过多次。而 2013 年媒体还曾曝出，她署名笔名"罗伯特·加尔布雷斯"的犯罪小说《布谷鸟的呼唤》只卖掉了 449 本，在她用真名"认领"后，这本小说才飞快进入畅销榜。

她还在推特上公布了"罗伯特·加尔布雷斯"收到的两封拒信。

2014 年，Facebook 以 190 亿美元收购社交通信软件 WhatsAPP，刷爆各大新闻网。

而大多数人不知道的是，WhatsAPP 的创始人 Brian Acton 2009 年曾去 Facebook、Twitter 等公司应聘，结果也被拒。

你看到了这么多人成功后的光鲜，以为这就是他们的全部。

他们的简历看起来是一个大写的"牛"字，而你却不断碰壁，于是你开始自叹不如，甚至认命。

殊不知，人人都有一份"失败简历"，每一次成功背后，都是呈几何倍数的失意。

失败了不一定会成功，但是没有失败，一定没有成功。

———Cheryl

曾经的媒体汪，现在的市场狗，比市场狗更懂媒体，比媒体汪更懂市场。

创业，
你准备好了吗？

在"大众创业、万众创新"的时代背景下，很多年轻人选择早早步入创业之路，而网传大学生创业成功率不足一成，热闹背后巨大的落差让人不得不为年轻人对创业的热忱捏一把汗。创业其实就是就业的 2.0 版，很多必要的品质是相通的，有心创业的人需要做好一系列的准备，并做好心理预期，和各种不确定性去斗争。开始之前，问问自己准备好了吗?

01

选择比努力重要

创业确实是当下的热潮，但它背后隐藏着很多人的迷茫。最近我跟不少年轻人交流，发现大家对择业和创业都有很多困惑。

人生中难免遇到很多选择。虽然我是一个 70 后，但我仔细回忆后发现，当年我大学毕业时面临的困扰，其实和今天的年轻人非常相似。希望通过分享我的亲身经历来引发大家的一些思考，帮助年轻人在职场与创业之间，做出最适合自己的选择。

关于创业，我会给大家分享两个常见的误区和两个不证自明的公理。然后是三个基于我个人经历的分享：首先，相信长期积累的力量，人生是厚积薄发的过程，每一段平凡的经历都有它存在的价值；其次，不要迷茫，把握好当下；最后，做好仅有的几次重要决定，我们一生中多半是平凡的生活，不需要做太多重大的决定，但在大关口一定要把握好。

关于两个常见的创业误区，我想大家一定不会陌生。

第一个误区，很多人想到的是独立创业，作为创始人去创立一家巨大的独角兽公司。其实，加入一家比较成熟的创业公司本身也是一种创业。你可以成长更快，学到更多，为将来的独立创业做准备。

第二个误区，为了创业而创业。我问很多创业者为什么要创业，他们说就怕这波创业热潮一旦错过了，以后许多创业机会也许就没了——这不是一个正确的想法。

从中国互联网发展的历程来看，从最早的社区到后来的搜索，再到大家抱怨互联网的所有入口被 BAT 三座大山把持，没有更好的创业机会，小米出现了，大疆无人机出现了，滴滴出行出现了，新机遇不断涌现，不同时期总有新的创业机会。

误区之外，还有两个常被忽视的公理。

第一，创业成功是一个小概率事件，甚至是一个极小概率事件。在每一个成功的故事背后有更多失败的故事，无论你怎么算，创业的成功率也绝不会超过 1%。我当年经历过千团大战，全国性的团购网站有几百家，地方性的团购网站不计其数，到今天只剩下糯米和新美大（美团网和大众点评网战略合并后的新名称），其他团购网站则因为各种各样的原因消失了。

第二，创业没有失败者。虽然创业项目更大的可能性是失败，但是作为一个创业者，只要你坚持了足够长的时间，足够努力，完成了个人成长，你就是一个成功者。总的来讲，创业是非常好的历程，是没有失败者的历程。

在接下来的三个分享之前，我想先讲一个关于选择和努力的小故事。一天深夜，我突然收到一条长微信，打开一看，原来领英中国一个非常优秀的员工在公司只干了三个月，就决定离职创业。他说创业机会是偶然冒出来的，但和他的个人兴趣非常匹配，所以这是他自己愿意承担的一个睿智的风险，希望闯一下。

我也给他回了一条长微信，我的确感到一些失望，但既然他已经做了决定，我更希望他能坚持下去。紧接着我又跟他讲：如果你还愿意听我说的话，作为一个过来人，我想给你几个建议。

当你看到一个好的机会愿意去冒险去创业，这一点无可厚非。但是在未来，无论是工作中还是生活中，甚至在感情中，一旦做出承诺，我希望你能够在相当长一段时间内把自己封闭起来，不要去看其他机会。因为永远会有一些看上去很美的机会出现，但你经历过之后会发现，看上去很美的机会不一定是好选择。

那么，面对选择和机遇时，我会如何应对呢？以下是我根据自己求学、创业和职业发展的经历，给大家的三个分享：

1. 厚积薄发，时刻保持自信

我现在是 LinkedIn 的全球副总裁，中国区总裁。用某些标准来衡量，我或许取得了一些成功：不到 41 岁做到现在的位置。当然我个人不这么认为，我觉得我的职业生涯才刚刚渐入佳境。如果把我的职业生涯画成一条曲线来看，这是一条经历了非常长时间平缓上升甚至停滞的曲线，最近的四五年才开始加速上升。这是一个厚积薄发的过程。

　　1992 年到 1996 年，我在南开大学读书，并且不是一名传统意义上的好学生：没获得过一次奖学金，没有当过学生会干部，也没有徒步旅行和跑马拉松的壮举。但我的大学生活非常充实，谈过恋爱，做过生意，拿了两个学士学位，考了托福和 GRE。本科一毕业就幸运地拿到了加州大学洛杉矶分校的奖学金，出国留学。我没有随大溜去做一些事情，但我也没有虚度时光，我知道自己的能力所在，并时刻保持自信。

　　到了美国之后，我受到了巨大的冲击，发生了巨大的改变。大学四年混沌之后，第一次，我感受到了对学习的兴趣，发自内心地开始喜欢读书和学习。也可能是因为美国的教科书都比较贵，动辄 100 多美元一本，舍不得不读。当然这是玩笑，实则因为孤身一人在美国压力巨大，我将它转化成了动力。另外，那里的学术氛围深深感染了我。

　　中间转了一次专业，我拿到硕士学位时已经 27 岁了。比起 21 岁就开始工作的美国人，我在起跑线上已经落后很多。后来我一直在几家公司踏踏实实编程序和钻研技术，一干就是很多年，标准的美国码农，离所谓的成功还差很远很远。直到 2005 年加入 Google，我已经 32 岁。而就在那时候，我还只是一名工程师。

　　我的职业发展经历了漫长的积累过程。后来回到中国转换轨道做商务，再后来从 Google 跳出来创业做糯米网。从之前管理不到 10 人，到后来管理 2 500 多人，到现在成为世界顶尖科技企业的高管，渐入佳境。

　　之前很多看似平凡的努力，都是一个积聚能量和厚积的过程，缺一不可：

　　做化学研究的背景，让我懂得了科学的那份严谨；

工程师的背景，让我养成了逻辑思维的习惯；

管理系的学习，让我在心里种下了企业管理的理念和种子；

美国孤身一人的经历，让我增加了抗压能力；

早期的语言障碍，对美国文化融入的困难，让我对现在的生活和状态更加珍惜；

商务拓展的工作，让我对商业世界有了更深入的认知，也积累了业界人脉；

辛苦创业的四年，我的管理带宽、坚忍和气度，对人的把控都上升了一个高度；

这些看似不相关的经历，都为我今后更好地发展做了一个铺垫。

每个人的求学和职业生涯，都会有一些高低起伏，有些人比较幸运，成名很早；有些人可能没有这么幸运，比如我，会经历较长的发展期。这些都不可怕，最重要的是保持自信，坚信自己的能力和未来。

2. 不要迷茫，把握好当下

曾经有位年轻的下属，在他辞职出国留学之前，找我谈心。他和我说：我很迷茫。我问他为什么？他说觉得没意思，打开社交媒体，都是各种负面消息，充满了负能量。他对自己的前途也很迷茫，到底自己适合做什么，想不明白。工作几年后选择出国留学，也是一种逃避。他问我有没有什么好的解药。

我想了想，对他说：首先，这个社会没有这么不堪。如果我们认真去看，社会还是向着好的方向发展的；其次，忧国忧民不是我们的第一要务，这些都不能为我们所左右。

对于你这样的年轻人，相比未来 10 年，更重要的是把握好当下。迷茫发呆不如捧起一本书——发呆是在浪费时间，但读书是在增长知识。

我当年第一次出远门第一次坐飞机，就是 22 岁孤身一人去洛杉矶。英语不够好，长得不够帅，没有爹可以拼，没有绿卡，我也迷茫过。在美国念书的头三年，没有看过一场电影，没谈过恋爱。一周工作六天，只有周日休息。休息的时候做什么呢？我选择去学校附近一家书店，一杯咖啡，几本书，一待就是一个下午。看书就是我的休息方式，至少那个时候觉得特别踏实，觉得没有虚度时光。

我要分享的不是读书，而是把握当下的态度。你可以看不懂未来，但是与其迷茫与彷徨，不如当下充实。做好现在的事，一定会有惊喜在未来等你。

3. 把握好几次重大的决定

我见过一些计划性非常强的人，恨不得把自己的人生规划得完美无缺。但计划往往赶不上变化。大多数人都会和我一样，大半时间过着平凡的生活。重要的是把握好人生中仅有的几次重大决定。机会出现的时候，把握好，抓住它。我愿意和大家分享一下我人生中的几次重大的决定。

（1）去美国

大三之前，我根本没有想过去美国。那时候出国还没有这么热，尤其是本科毕业生。我又不是一个典型的好学生，英语也一般。但是大三那年，我父亲去美国考察，回来以后描述了美国的种种，一下子就激起了我想去美国念书的欲望。就是那么一个时间点。

大三寒假，除了年三十和大年初一，我都是在宿舍里一个人度过的。念英语，练听力，后来托福和 GRE 都顺利通过，那时的我把握住机会，出国了。

（2）换专业

我一开始在加州大学洛杉矶分校主修环境化学。导师 50 多岁，很慈祥，对我非常好。给了我奖学金，让我直接读博士。我在学术上进步得很快。成绩很好，实验进展非常顺利。两年就已经发表了两三篇学术论文，并通过了博士候选人的考试。按照那个速度，我在 27 岁左右，就能成为博士，然后就是博士后、教授，一条顺理成章的路在等着我。

但我慢慢地发现做学问似乎不是我想要的：拿更多的经费，招更多的学生，写更多的论文，再拿更多的经费，周而复始。

我对计算机有着浓厚的兴趣，很长时间泡在四通利方的 BBS 上，成为出国留学论坛的版主。后来又自学搭建了一个网站，专门为想出国的学生提供资讯和帮助。我开始旁听计算机系的课，后来毅然选择了换专业。

这其实是一个很痛苦的决定，一方面是对导师的"背叛"，一方面是对博士学位的放弃，同时放弃了全额奖学金，生活会非常拮据。

我至今还清楚地记得，导师对我说：你再仔细想想，你不知道你在学术的道路上有多大的潜力。你可以用不到两年的时间先拿到博士再做决定。我也清楚地记得，我离开实验室的那一天，导师苍白的头发和失望的眼神，他和我说：祝你早日实现硅谷百万富翁的梦想。

直到今天，我还是没有勇气再次面对他。但是我也没有后悔过我的决定，这个选择对于我未来的发展有着决定性的作用。

（3）加入 Google

在两家规模比较小的创业公司做了四年编程之后，我选择了加入雅虎 Overture 让自己有更多成长。突然有一天，我发现同事们都聚在一起谈论 Google 上线了 Gmail，在线邮箱可以做得这么炫，容量可以这么大。后来 Google 上线了地图，同样对我触动很大：居然有一家如此创新永远给人惊喜的公司。

我作为一个不错的工程师，加入 Google 成为我证明能力的一个选择。艰苦的面试后我如愿以偿在 2005 年搬到了硅谷，加入了 Google。当时 Google 还没有进中国，我加入后几个月，开复也宣布加入了 Google，于是我很快就加入了落地团队（landing team），回到了中国。现在看来，那是非常正确的决定。

（4）创业糯米网

我在 Google 做了将近五年，对中国风起云涌的互联网产业也有了一定了解，觉得是时候做出一些改变了。

那时候，Google 很多同事也在考虑其他机会，但他们或多或少更看重实质利益：少于 150 万年薪不谈，少于 100 人团队不谈，等条件。我根本没有考虑这些，我想的更多的是发展的潜力和未来的空间。离开 Google 无疑需要巨大的勇气，更需要对未来的判断和选择。

我那时面临着两条路：一是创业，二是加入本土公司。不少国内大型互联网公司抛来了橄榄枝，但抉择之下，我还是很快决定去创业。这个选择在当时意味着拒绝了 Google 优厚的股票，和其他公司诱人的职位与薪酬。

然而现在回想起来，做糯米网的四年，是我成长最快的四年，管理带宽的提升，创业的经验，对于中国互联网的了解，这些是多少钱都买不来的。

（5）加入 LinkedIn

把糯米卖给百度之后，我又到了下一个重要的决策关口：是继续做下去，把糯米在百度体系下做大做强？还是创业再干一件大事？或者考虑其他的选择？这时候 LinkedIn 出现了。

在职业发展的这个阶段，单纯的财务成功已经不能给我很大的满足感，我希望能通过努力产生更大的影响。在个人取得成功的同时，为社会为年轻人做一些事，这就是 LinkedIn 这个机会最吸引我的地方。可以说，我们是一见钟情。

我去过很多跨国公司的亚太总部，在他们的管理层里，日本人、印度人、新加坡人、美国人都很多，但中国人并不多。是我们没有优秀的职业经理人吗？其实不然。中国有很多的优秀的职场人和聪明的年轻人，他们缺少的是一个国际化的平台。我想通过我们的努力，成就一代中国职场精英，这是我的梦想。

人生中不需要太多的决定和变化，做好最重大的几次决定足矣。当机会出现的时候，你要把握住。我既没有天赋异禀，也没有运气过人，我能够做到的，你们一定也可以做到。▲

——沈博阳

LinkedIn 全球副总裁兼中国区总裁，糯米网创始人，前 Google 中国区战略合作负责人。

02
创业者一定要做网红

1. 要勇敢地驾驭变化的浪潮

"怎么保持与时俱进"这个话题，我一直在讲。今天我用一句话简单回答：只要不断地寻找 Papi 酱这样的网红从业者，就能跟上时代。

一看到网红、直播以及自媒体出现的时候，我一下子就蒙了。其实我这个年龄的人，很容易一忙其他事儿就立刻落后于这个时代了。所以要保持与时俱进、保持相关性，要不断地深入到创业领域里面。那种最令人瞩目的，最有争议的，最让大家迷茫、失落甚至愤怒的现象，你得去了解背后发生了什么。像滴滴当时出来的时候好恐怖，它会颠覆整个交通系统。再比如微信现在可以打电话了，有谁还用手机打电话？事实上我已经不用手机打电话了。所以，我觉得这些东西你如果不跟上的话，就是千亿美元的淘汰，这是很恐怖的。

我在十年前听一个芝加哥的 MBA 从学术的角度讲，中国一年发生的事儿相当于一个非洲国家三十年发生的事儿。我回想我在长大的过程当中，江苏泰兴从我出生到离开，其实房子没有增加几栋，街道也没有什么变化，只是多了几辆自行车，多了几个电灯泡而已。但是今天的泰兴或者扬州、南京、北京，变化是极其迅速的，所以这是一个时代命题。我们处在一个剧烈变化的时代，我们必须要急速地跟上这个时代。跟上时代的方法就是勇敢地驾驭着变化的浪潮，不要害怕变化。

年轻人不要否决一些事儿，不要说这个不行，失败了它就完了。经常有人嘲笑小米完蛋了。拜托，这是人类历史上发展最快的公司，稍微慢一点又怎么样？又或者嘲笑某一个二十一二岁的人创业失败了，其实他不一定失败，或者根本不会失败。我认为，即便创业者失败了，除非他精神崩溃了，否则都能东山再起。

坦率地说，对于作假、对于谎报数字我是厌恶的，但是在成长当中的人总是有这样那样的问题。我们能够容忍错误、容忍失败，最后哪怕是给予有错误的人以改正的机会也是好的，只要他们不拒绝改正。一般性的失败，给他一些鼓励、给他一些机会、给他一些宽容，这就符合我们创业时代的特点。这样被你鼓励的人能够走出来，给予鼓励、给予拥抱的你们也能够跟上这个时代，而不是在拒绝中错过许多机会。

2. 创业者一定要做网红

我们先定义一下什么是网红，网红就是借助网络出名的人。但是网红的定义会随着时间发展，按照每个月的节奏来刷新。

比如分答推出以后，在上面回答问题的当然有王思聪这样经典的网红，但是也有许多科学家、专业人士，如果这些人回答的问题被人们认同、被人付费多了，他就是网红。所以，也许无数的科学家、无数的社会学者也会成为网红。

网红的时代，也就是知识经济创造性艺术最终得到迅速传播，并且能够赚钱的时代。网红不仅限于表演，不仅限于面孔，仅仅靠面孔来搔首弄姿的时代已经过去了，或者很快会过去，最终出来的是有内容的人。

在网上表达出任何内容的人都能够成为网红。据说在某些平台上，钓鱼的、养猪的也能够被打赏 100 万。什么内容我不知道，但是你只要有行动，能够让大家看到一些他们本来看不到的东西，就有可能能养活自己。而这个内容乡下人和城里人看的都不一样。一个富二代直播他的生活肯定有人看，但是一个留守儿童直播他的日常生活也会有人看。假设我知道了我就会看，还可能会给他打赏，救助一下。假设他说"我可怜，但是我努力学习，帮助爷爷奶奶"，那我可能就给 10 倍、20 倍的打赏。

我认为，创业者一定要做网红，每一个 CEO 一定要学会在这个时代建筑网络，推销你的产品、公司、品牌。其实每一个 CEO 都应该主导你的公司的品牌形象和营销。如果一个 CEO 没有这个能力，那就找一个副手。

过去一个女孩子或者是一个男孩子要出名挣点钱不容易。由于网络的崛起，今天每一个人都有自己的传播渠道。微博和微信公众号早就有了，罗振宇和传统媒体竞争的基础条件是一模一样的，而罗振宇的竞争力已经不亚于传统媒体。

所以，网红意味着创业的平民化和草根化的时代到来了，它给你解决了物质的条件。你再也不要说"我没有机会"了，你在家里就可以影响全世界。所以网红使得每一个本来没有希望的中国的普通青年都有了可能，而且事实上这一点已经得到了证明。

站长时代还需要一些技术才能做站长，还得靠用闽南话去读英文才能注册域名，而今天你只要有一部手机，就能成为百万富翁，网络使得每一个人都有了无数的机会。我那时候说过一句话，开放了中国，也开放了每一个青年人的生命。网络的时代，也让每一个人能把他的聪明才智传向世界每一个神经末梢，最终获得你自己的成功。

3. 鼓励艺术界的学生进行知识分享

我想说一下 Papi 酱突然被要求下线整改这件事儿，其实这件事儿来得挺突然的。这是创业的一部分。首先你不要生气，你不会因为晚上要洗澡而生气、衣服干了生气，因为这是生活的一部分。当你生气的时候，恰恰说明了你没有应对的能力。

我经常看到中国的创业者在公共关系上比较差。我们天生没有这个能力，天生就不是能去影响他人的人。我认为，一旦企业做大了，没人告你，坦率地说不是好企业。

Papi 酱这样一个在校女生，还没有毕业就给母校捐了 2 200 万以上，这是多么伟大的行为。这只有在中国才能出现，是这一代中国人的骄傲。她不是被迫的，而是本来就想这样做。

你想想中国有几百万搞艺术的、搞文艺的、搞社会科学的，还有几千万的大学生。每一个人哪怕是最普通学校里最普通的大学生，再怎么不好的专业，你有几百个粉丝，有人给你付费，你也能养活自己。所以，网红的时代意味着每一个普通人与梦想的距离就在开关之间，就在于"按键之差"。你敢不敢打开键盘，打开 Home 键，让你的形象和知识传播出去，这是最让人激动的东西。

白居易有一句诗叫"杨家有女初长成，养在深闺人未识"。而今天任何一个"杨家女"，任何一个有知识、有容貌、有真情、有任何东西可以分享的人，都有能力成为"网红"，并且获得尊严与财富。

所以，这就是我当时投 Papi 酱，以及我后来为网红歌唱的根本原因。

我除了愿意为天下所有未红的网民去歌唱、欢呼，还想为大家创造一点微小的条件，让大家能够实现自己的梦想。我来自中央音乐学院，古典音乐在这个时代要赚钱挺难的，很多弹钢琴的、拉小提琴的人去做了家教。现在乐队很少，他们很难真的把几十年磨出来的艺术之剑，在人生的战场上找到能够与时代匹配的物质上的成功。

今天就应该有成千上万个小提琴家、钢琴家在网上演奏着他们的艺术，然后找到自己梦寐以求的粉丝，最终形成我们艺术的超级繁荣，形成社会知识的超级扩张，极大地提升中华民族的知识、科学、艺术的财富的丰富。

我是中央音乐学院校友会的主席，我现在可以以这个方向跟中央音乐学院、中央美术学院、中国电影学院去谈。天下所有学艺术的学生，本来你就是一个自由职业者，你现在可以把自己的艺术冲出去。▲

——徐小平
中国著名天使投资人，新东方联合创始人，真格基金创始人。

03

没事别想不开去创业公司

最近身边朋友换工作的越来越多了，有的已经从体制内辞职，有的在向传统的高大上公司递交辞呈的路上。他们想出来创业，或是加入创业公司。

我不知道这到底是好事还是坏事，但这就是中国这些年的现实。旧经济在摧枯拉朽般节节败退，新经济如雨后春笋般向着太阳。

颠覆太大，反转太快，按照窦文涛的口头禅——这是要变天啊。

媒体大肆鼓吹着大众已经被点燃的神经，什么"创业点亮人生，时代为你燃灯"，等等。

天确实变了，但是这天是不是为你变的，很难说。就像一线城市繁华的夜景，和你有没有关系，很难说。

押上自己所有的时间和机会筹码，自己创业或加入创业公司，是不是一步好棋，也很难说。

创业公司不是想进就能进的，不仅有行业门槛，还要有更高的职场素质要求，你确定你行吗？

1. 不能 All In，就别来创业公司

我自己是宁波人，我们那一片，选择做生意的，比选择走仕途的要多。在我们那里有一句著名的口号——"白天当老板，晚上睡地板"。

创业，一定要有 All In（全部投入）的身心状态。

我理解的 All In 的状态是：平日和周末是没有差别的，上班和下班是没有界限的。别人周日晚上在电视前看综艺节目，你在电脑前和客户焦头烂额，都要习惯。

而且最重要的是，你要享受这种 All In 的状态。

为什么渴望下班？为什么期待周末？因为你觉得工作是为老板的业绩，时间卖给了公司，不属于自己，没有归属感，只有下班后和周末的时间才由自己支配。

当你觉得这份事业是自己的梦想，时间都用在为自己的成就时，你才会享受这个过程。

你不会数着点下班想着去哪里玩，而只会抱怨为什么时间永远不够用，因为你知道，所有的时间，都是在为自己卖命。

你要告别文艺小资的生活，比如一下午的美好时光，只负责慵懒；告别任性地来一段说走就走的旅行，告别诗和远方。

你要开始明白，在创业公司，工作就是生活，要不然你干吗来创业公司啊。

除了主观意愿外，客观上创业公司也必须保持这种 All In 的状态。

创业公司和大企业不一样，和事业单位也不一样，创业公司每一天都是战战兢兢、如履薄冰。

一只眼睛看着外面商业环境的变化，随时准备调整战略战术适应市场，另一只眼睛盯着内部的团队，随时要调整和救火。

2. 玻璃心不适合创业公司

创业公司在成为独角兽公司前，在未进入大众的视野前，在获得市场的认可前，都是脆弱的。本身创业公司能活下来的比例就不高，能混得好的就更少。

创业公司在起步发展阶段，没法做你的个人名片背书。

在有名的大公司，外界看来你就是甲方啊，你说我们要招聘了，简历下一秒就收到手软看不过来；你出门和其他公司谈合作，公司名称就是溢价的筹码。

但是创业公司不是啊，十年前谁知道阿里巴巴会是今天这样，三年前多少人预见滴滴打车是现在的规模。创业公司就是这样，你空有一个好故事好前景，人家不信啊。

所以，不管别人怎么看，你只能相信自己的判断，用自己的左手温暖右手。

加入创业公司，说明你多半是个爱冒险、爱折腾、不甘平庸的野心家，你无法预见五年后的自己会是什么样。别说五年了，两年后的样子都不知道。

但这就是创业公司啊，有未来无限美好的想象空间，A轮B轮C轮IPO，然后突然身价就不一样了。但也不保证第二天就触礁沉没，除了经验和能力，没有实现商业变现的可能。

人生的大起大落，会在创业公司重复上演，你的心情也经常会像坐过山车一样。

这种感觉怎么形容呢？

请让我引用杜绍斐的原话：

每一个自媒体人或者说正在创业的人，都在这样的状态下反复，每晚睡前都觉得自己一无是处马上要完蛋了，第二天早上又觉得自己太牛×了，世界都是我的了。

是的，我们经常是这样神经质的。上一刻都被自己感动了，下一刻又觉得自己被掏空了。

比如你辛辛苦苦培养的人终于养到可以分担你压力的时候，却被别的大公司以两倍薪水挖走了；比如你发现大公司的办公室政治，创业公司一样也有；比如你和别人谈情怀谈梦想谈未来的估值，别人却和你谈薪水谈期权谈福利待遇。

拜托，我们是创业公司。

你会觉得这个世界对你一点也不友好，商业怎么这么邪恶，人心怎么这么世俗。

所以冯唐才能写出那么血腥现实的文字——"世界这么多凶狠，他人心里那么多地狱，内心没有一点浑蛋，如何走得下去。"

职场作家和全职作家，见识、内心、段位，果然还是不一样的。

所以，如果没有自带鸡血，没有大心脏，没有一颗笃定的心，不要来创业公司，不然你会很受折磨，很焦虑，很没有安全感。现实的每天都是锤子，玻璃心的，早就被碎成碴儿了。

3. 没有快速成长能力，别考虑创业公司

一个成熟的公司，每个人都是这个公司系统体系里的螺丝钉，安插在被需要的位置。一切按照流程走，不犯错，不犯浑，到一个阶段学习一个阶段需要的知识内容，一步步晋升。

而创业公司不一样，在互联网的大环境下，发展速度是第一位的，慢了就等于失败了。所以加入创业公司的员工，就需要不断更新自己。

尤其在初期阶段，身兼数职是标配，今天要站台，给投资人讲故事，给新人画大饼，明天要管后勤，什么财务行政一堆琐事，看到哪个岗位缺人了恨不得肉身贴上去。

所谓有条件要上，没条件创造条件也要上。

很多人在创业公司待不下去，并不是因为其他原因，而是现在的公司已经不是你刚进来时的公司了，你原有的能力已经不再匹配目前的职位。

公司在野蛮生长，你却在岁月静好，怪谁呢？

张泉灵从主持人蜕变为投资人，成长速度已经很快了，却还是觉得自己走得太慢。也经常会有朋友劝我：慢慢来，不要太急，你太焦虑了。但我心里知道，和别人比起来，其实我已经慢成乌龟了。

但话说回来，这难道不是在创业公司最大的魅力吗？能够在短时间内迅速给你撕裂般的成长机遇。接得住，世界就是你的，接不住，不要蹭这

浑水。

怎么说呢，创业有创业的乐趣，稳定有稳定的好处，很多人口口声声说要辞职创业，其实只是对现状不满的说辞罢了，不要套上创业的帽子。

而且话又说回来，创业并不是一种职业，而是一种把事情做到极致的态度，一种"哪怕全世界都嘲笑，只笃定自己"的信仰。这两点做到了，你就是在创业。

对了，还有一点——

创业时常是一个人的夜路，胆小者勿入。▲

——Spenser

混迹金融、创投圈，LinkedIn 专栏作家，一篇微信拉动百万融资。

04

去 500 强还是创业公司？

最近好几位从美国高校春季毕业的朋友都在着手找工作，于是去大公司还是创业公司这个问题又被提出来了。

通常，职场老油条们都会告诉你：没有好坏之分，只有适合与否。

的确如此。但作为一个在这两类企业都工作过的人来说，我的良心建议是：

第一份工作最好还是能去《财富》500 强公司——学规矩；然后，如果你想在一份工作中尝试不同事情，迅速学会一些新技能，可以考虑在学好规矩后跳槽去创业团队。

1. 建议第一份工作去《财富》500 强公司，为什么？

刚走出象牙塔的学生，在职场中首先要学会的是执行力和职业化，而不是创造和贡献。

在大公司，前者可以得到很好的训练。虽然如果你能跟一位很牛的创业公司领导者共事会学到很多，但首先，刚毕业的你由于见识有限，不一定就能有火眼金睛去辨识谁是真牛、谁是草包。

其次，创业公司通常是把一个人当三个人用，大老板身兼长官＋执行者＋救火队数职，就算他有心教你，这个优先级也绝非位列前茅，除非你悟性非常好，否则多半学到的只是皮毛。

我的第一份工作就是在一家《财富》500强做管培生，虽然不幸加入了一个烂团队，但因为整个公司的培训体系和框架非常完善，所以从最小的事情，比如一封邮件该如何书写和回复，到高效准确地制作阅读报表，学习有效的团队合作和建设，用恰如其分的态度应对同事、直属领导和领导的上级……这些工具、方法、技术、包括情商都得到了充分的训练。

这些都不是最关键的，我在第一份工作中收获最大的是学会了吃苦和独立。

因为天生对数字不太敏感，所以刚开始学做报表时非常吃力，通宵是家常便饭；而我所在的运营团队又需要时常独自出差去进行跨区域的合作，这让我的快速适应能力和独立性都得到了极大锻炼。

这些对于我日后在创业公司的工作产生了至关重要的影响。

见过太多初出茅庐的毕业生凭着一腔热情和幻想加入创业公司，没多久就发现了理想和现实的巨大差距——太苦太累，不够专业，看不清自己的优势也不知道如何把优势最大化……

因为缺乏第一份工作的历练、培训和挖掘，所以他们在心理建设和专业处事方法上都很匮乏，从而导致离职率特别高，并且通常都是带着"搞不定""吃不消"这类消极的情绪黯然离开，这对公司和个人都是极大的消耗。

2. 在《财富》500 强和创业公司工作，分别是什么样的体验?

之前看过一句话说，在大公司学做人、在小公司学做事。其实这话只对了一半。

无论在大公司还是小公司（抑或创业公司），身为职员都需要学会做事、学会做人。但在这两类公司工作，感受迥异。

以下就从人、事、职业前景和工作氛围这四方面来分别谈谈有哪些不同之处。

（1）人

我们最常听到的就是大公司人事关系复杂，的确如此。在体系成熟的大公司人人都不是弱者，想快速出头上位只有和别人均等的能力肯定是不够的。

在大公司，因为平级领导比较多，特别是同一部门不同区域的领导，相互之间充满了竞争关系，所以身为下属很多时候你需要站队伍、表忠心。

我第一份工作的顶头上司就遇到这样的难题，推荐他上位的是 A 区经理，但他却阴差阳错调去了 B 区归 B 区经理管理，而 AB 两区的经理不和已久。一位有知遇之恩、一位是直接领导，他夹在二者之间很堵心。

而创业公司人际关系方面要单纯许多，但最大的劣势也是显而易见的：从上司到下属普遍缺乏管理和工作经验，这会导致工作进展缓慢、结果不利，甚至团队崩溃，所以才会说创业尤为艰难。

（2）事

就拿报销出差费用这件小事来说吧。

在大公司，你至少需要经历直属领导签字、部门秘书审核、部门领导签字、财务审核账单、财务经理签字这五项步骤；但在职员较少、结构单一的创业公司，你可能只需要直属领导签字、财务审核这两步就够了。

而相较于大公司的积累和沉淀，创业公司在做很多工作时的确会走不少弯路、错路。

在第一家公司，我的工作执行都有标准流程（SOP）可以参考，但在创业公司，很多宝贵的经验、技术会随着人员的变动而流失，所以在做同一项工作时不得不从头开始摸爬滚打。

（3）职业前景

前景是否光明与个人能力、投身的行业、企业的发展等诸多元素有关，所以简单下结论在其中某一类的公司前途更好是不对的。

这里，只谈谈可能性。

首先，大公司因为薪资体系和晋升体系都比较成熟，除非你在非常规部门（比如研发部、销售部）做出了重大贡献，通常你的薪资涨幅以及职位升迁条件都是透明的。

比如，很多大企业的常规部门年薪是13、14个月的工资，每年薪资涨幅10%~20%，这些都是写成规章制度的。

而通常，想升任到大公司的中层领导，正常的途径有三种：

第一，重组或开创一个新的部门，需要提拔人才；

第二，按照章程、论资排辈；

第三，前任领导跳槽空出职位。

创业公司则完全不同。

你有可能一加入就是股东之一，或者干了三五年成为元老骨干后也能分得一杯羹。

而作为普通员工，你升迁的机会、加薪的幅度则完全靠你个人为公司带来的利润，很有可能的一种情况是你比你的直属领导加入得晚，却比他升迁更快、报酬更多。

当然，风险就是创业太容易失败而你也会失业。

（4）工作氛围

通常，在大公司你的一亩三分地就是众多被隔开的隔断中的一间。

一个萝卜一个坑，大家各司其职，也不会有什么走心的交流，茶水间就是同僚间社交最多的场所。封闭、呆板，但比较舒适（毕竟坐落在高级写字楼里的公司，冷气、咖啡和干净的环境是不缺的）。

而创业公司通常都喜欢提倡个性化，所以在装修风格方面会更给人耳目一新的感觉。开放的办公环境、不固定的办公桌可以让你选择自己喜欢的风景去更舒心地工作。也许是在空间上少了隔板的缘故，所以同事之间的交流也会更自由、开放。

我的第二个老东家办公环境就挺酷。你可以选择在吧台甚至露天阳台上工作；你甚至可以直接上手装饰公司，涂鸦、贴画都可以。而团队领导或大老板心血来潮就会请你吃顿下午茶，或晚上以团队建设之名约个饭局大家一起聚一下。

轻松、自由的氛围是在创业公司办公最大的感受，但你也要忍受一些不便之处，比如公司唯一的打印机突然坏了你只能跑去打印店解决，或者行政忘了采购文具，也要靠自己解决。

3. 你适合去大公司，还是创业公司？

正如文章开头所说，我觉得任何职场新人都有必要接受大公司的历练，但不意味着所有人都适合待在大公司。

找工作，平台的重要性毋庸置疑，但最重要的还是你要尽快弄清楚自己在职场想得到、追求的是什么，这才是让自己在职场发展中画出上升趋势图的关键所在。

———思小妞
在美国晃悠的原创码字人，LinkedIn 专栏作者

05

当你决定开始创业，来问我的建议时

随着我因为创业而在工作和生活中逐渐为人所知，很多人都来征询我的意见，询问他们是否应该创业，又该从何时开始。这些年来我经历了很多，对这个问题的答案也变化了不少。过去我会鼓励大家大胆去试，不过现在，我不会了。

现在我是这么思考这个问题的……

"如果我能用喝一杯啤酒、一杯咖啡，或是吃一顿午饭的时间就说服他们放弃创业，那么他们迟早也会自己走不下去的。我用尽一切办法，让他们当着我的面放弃这个想法。如果一次不行，我会主动请客再约他们一次，然后继续劝说他们放弃。"

我热爱做一个创始人，也热爱我的公司。尽管创业时很艰难很辛苦，如果重来一次，我还是会毫不犹豫地重复我的选择。当我刚开始被问到有关创业的问题时，我的回答总是充满激情。

"放手去做吧，这超赞的！工作虽然很辛苦，但是一切都是值得的。"

我这么回答，是因为我原先对所有人存在一些假想，这些假想后来都被证明是错误的。

我曾假想所有人都可以胜任这份事业。我曾以为所有人都可经得住压力，都可以投入感情和时间。我曾以为所有人都可以受得起繁忙沉重的工作——更要命的是，我居然以为人们喜欢辛苦的工作。我以为工作辛苦对于人们来说并没有那么艰难，我以为对于人们来说这些工作本身并不难，只是需要耗费些体力、毅力和勇气罢了。

工作虽然很辛苦，但是一切都是值得的。跑步本身并不难，显然，每个人都知道如何成为一个合格的跑步者——但人们并不清楚的是，要想真正跑起来你需要一步一步来。跑鞋、运动裤、短裤、发带、夹克或是运动型 App 对我们的跑步能力其实没有任何提高。至少对于我来说，跑步最需要注意的是：

1. 坚持早起晨跑或是晚间夜跑（即上班前或下班后），并认真对待每次跑步；

2. 不要停下来。

这也就意味着如果你迟迟没有开始运动起来，你只能怪你自己；如果你坚持不了停了下来，你也只能怪你自己。在这件事上，不存在什么外在因素，也没有任何借口。如果你每周能有三天做到第一项，并且尽你所能做到第二项，那么你就能成为一个合格像样的跑步达人了。

大多数人面对第一项就已经放弃了，他们甚至都不去试着开始。花了一千多块，买了一套狂拽酷炫的运动装备之后，他们就心满意足、功成身退了。

第二项就把装腔作势的人和赢家区别开了。如果你出门跑步，刚感到累就走了起来，那么你就已经输了。原因在于，跑步更依赖你的心力。其实，能够让你再坚持多跑一步的能量很小，如果刚感到累就停下来，对得起你狂拽酷炫的装备吗? 逼着自己再跑一下，多流点汗，就这么简单。

做一名企业家和跑步其实是一样的。能让你失败的只有两件事: 一个是从未开始，另一个是半途而废。放弃是绝对不符合企业家精神的。半途而废意味着浪费了一开始做选择时你舍弃的所有机会成本。当你精疲力竭时，也要咬牙坚持下去。当你感到累时，要继续前进。当你不想这么做时，你也要继续前进。总之，你要一直前进下去。

这绝不是一个体力或是智力上的难题。这只和情感、心力有关。你有多么强壮或是聪明并不重要。你思考、学习、计划、规划、梦想、讨论了多少也不重要。决定这件事的，是你投入了多少心血。

成为企业家是一场步步为营的游戏，每一米的前进都步履维艰。你要试着去热爱这一过程，而不是最终的目标和结果。

所以，当人们向我询问他们是否应该开始创业时，曾经的我会说，"当然! 快去做吧。"但是现在，我会努力说服他们不要去创业。

我会把所有可能会事与愿违的情况都告诉他们，把所有他们将会错过的东西告诉他们。我会警告他们可能会变成一个糟糕的朋友、丈夫、父亲或是母亲。我会让他们知道，将来他们会不得不做出一些艰难的抉择，他们会十分渴望拥有所谓的周末或休闲时光，他们会在每天结束时都产生挫败感，但为了成功，他们还是不得不比所有人起得都早。

　　我会告诉他们，他们的那些创意和想法需要海量的工作才能实现；商业模式也可能需要改变（如果他们有商业模式的话——当然这是必须要有的）；他们很可能无法胜任这份工作。我会告诉他们，之前他们做的所有工作，可能或多或少都是没用的或者根本不重要。

　　我会尽我所能当面说服他们放弃那些创业的想法。我会尽我所能去让他们承认自己其实并不是真正想创业——毕竟，为了开一家公司而招来这么些麻烦事是不值得的。

　　如果我能用一杯啤酒的时间就说服他们放弃，那无论如何这些人最终也会半途而废的。创业路上本来就困难重重，总会有这样或那样过不去的坎儿让他们决定放弃，不过是个时间先后的事情罢了。我所做的，只是在帮他们节约金钱、时间和生命。

　　如果所有劝说均宣告失败，如果他们还是狂热地坚持创业，那么，我会来付啤酒的钱。因为在不久的将来，他们会很需要借酒浇愁的。

------Brennan McEachran
SoapBox Innovations 联合创始人和 CEO。

致谢

感谢陈伟鸿、胡海泉、李静、李开复、柳青、沈博阳、沈南鹏、吴晓波、徐小平对 LinkedIn 首部实体书的推荐，你们的认可让我们更有动力前行。

读这本书，和所有成功的职业人士对话，让他们告诉你那条"只有他们自己知道"的捷径，然后走得比同龄人更顺畅。**——陈伟鸿**

从音乐到创投，眼前的路更加清晰，你在 LinkedIn 能找到下一次突破，你也能在这本书里找到迷茫和焦虑的答案。**——胡海泉**

这个时代，给予女性在职场更大的能量和话语权；但是困惑对于女性而言也无处不在，我们既像男人一样角逐，又像女性一样用柔软化解危机，我曾遇到过跟大家一样的困惑和抉择，书中的成长经验与心得都来自优秀的职场人，了解她们面对的、经历的，你会不再惧怕，你能看得更远，走得更好。**——李静**

如果说成功有一定的标准，那就是"做最好的自己"。年轻人应当积极主动，不断尝试与实践，提升自己，机遇来了，才把握得住。这本书就像你身边的导师，解答你最焦虑和困惑的问题，珍惜与优秀者对话的机会，他们的建议将帮助你实现更好的自己。**——李开复**

曾经的我就像今天的你，初入职场，跌跌撞撞。但今天的我，一路走来，感慨重重。我为你推荐这本书，让它告诉你一些我学到的事，让你少走弯路。记住，你的时间很宝贵。**——柳青**

这是领英的首部实体书，我们希望走到年轻的职场人身边，帮他们少走弯路，指点迷津。领英进入中国已逾两年，我们希望成为中国和世界相连最好的平台，你的每一次信任，都是在和我们一起创造历史。**——沈博阳**

投资领英，因为我相信它能打造出最适合中国职场人的品牌，这本汇聚职场知识精华的书，是 LinkedIn 给每一位职场人最好的礼物。**——沈南鹏**

希望前人的经验能够指导每个中国职场人的进步，年轻人应该将生命浪费在美好的事物上。**——吴晓波**

一句指点迷津，能帮你少走几年弯路；一个好 leader，能给你被实践验证过的经验。这本书将成为每一个年轻人的职场好 leader，帮助你走得更快和更远。**——徐小平**

（按照人名拼音首字母排序）

感谢每一位为 LinkedIn 微信公众号做出贡献的小编：陈昌、陈嘉琪、陈梅、靳婧雯、李煜菲、谢诗媛、徐梦娅、许骏飞、张晓亮、邹瞳，LinkedIn 成为中国第一职场大号离不开你们的努力。